간디,

강을 거슬러 오르다

탐 철학 소설 27

간디, 강을 거슬러 오르다

초판 1쇄 2016년 8월 12일
초판 2쇄 2019년 5월 20일

지은이 이옥순

책임 편집 임나윤
마케팅 강백산, 강지연
디자인 땡스북스 스튜디오, 유민경
표지 일러스트 박근용

펴낸이 이재일
펴낸곳 토토북

주소 04034 서울시 마포구 양화로11길 18 3층 (서교동, 원오빌딩)
전화 02-332-6255 | 팩스 02-332-6286
홈페이지 www.totobook.com | 전자우편 totobooks@hanmail.net
출판등록 2002년 5월 30일 제10-2394호
ISBN 978-89-6496-311-1 44100
ISBN 978-89-6496-136-0 44100 (세트)

- 이 책의 사용 연령은 14세 이상입니다.
- 탐은 토토북의 청소년 출판 전문 브랜드입니다.

간디,
강을 거슬러 오르다

이옥순
지음

27
탐
철학
소설

탐

차례

머리말

비폭력과 진리를 따르다

이 책에서 저는 독자 여러분에게 '마하트마(위대한 영혼)'로 불리는 간디의 철학, 그중에서도 '비폭력'을 말하고 싶습니다. 비폭력을 설파한 인도의 간디는 20세기 최고의 인물로 꼽히는데, 그 이유는 지난 세기가 두 번의 세계대전을 치르며 폭력의 위험성을 한껏 드러냈기 때문입니다. 많은 나라가 연루된 두 차례의 세계대전은 수많은 사람의 목숨과 엄청난 재산의 손실을 가져왔습니다. 세상 사람들은 전쟁의 참상을 겪은 뒤에야 비로소 간디가 말하고 실천한 비폭력의 중요성을 절감하게 되었죠. 가공할 폭력 수단(원자탄)을 개발한 아인슈타인이 간디의 비폭력을 높이 칭송한 건 그래서였습니다.

1869년 인도 서해안의 작은 왕국에서 태어난 간디는 어렸을 때 무서워서 밤에 밖으로 오줌을 누러 가지 못할 정도로 겁 많던 시골 소년이었습니다. 그러던 그가 지난 천 년간 지구 상에 존재한 가장 위대한 사람으로 언급될 정도의 큰 인물이 된 것은 역설적이게도 힘을 쓰지 않은 영웅, 총칼을 들지 않은 영웅 같지 않은 영웅이였기 때문입니다. 내게 고통을 가한 적을 공격하지 않고 스스로 고통을 참으며 상대를 변화시키는 간디의 비폭력은 다른 나라들을 정복한 대제국의 강한 군사력보다 정당했고, 도덕적으로 우월했습니다.

《간디, 강을 거슬러 오르다》의 한쪽 배경인 간디가 살던 시대의 인도는 영국의 식민 지배를 받았습니다. 우리나라가 영국을 닮은 일본의 지배를 받은 시기보다 몇 배 더 긴 시간이었죠. 강한 무기와 군사력을 바탕으로 인도를 지배하고 많은 걸 수탈한 영국의 통치가 부당하다고 여긴 간디는 '눈에는 눈'이 아닌 비폭력의 방식으로 영국에게 맞서 싸웠습니다. 그의 말을 빌리면, "비폭력은 어떤 법이 옳지 않을 때 그 법을 만든 사람의 머리통을 부수는 것이 아니라 그 법을 따르지 않는 것"이었습니다. 간디가 채택한 비폭력적 투쟁 방법은 단식, 납세 거부, 고의로 법률 어기기, 파업, 피켓 들기, 거리 행진, 연좌 농성, 탄원서 제출하기 등이었습니다. 모두 식민 정부에게 대항하는 운동이었으나 상대방에게 물리적으로 해를 끼치지 않은 점이 같았죠.

인도 국민은 물론이거니와 싸우는 영국인의 존경을 받은 간디에게 비폭력은 바로 진리(사티아)의 길이었습니다. 그의 한평생은 진리를 찾는 과정이었습니다. 간디에게 인간은 우주의 질서를 이루는 구성원이고 진리는 그 질서의 법칙이었습니다. 따라서 그는 모든 인간이 진리의 참여자로 서로 연결되어 있고 모두가 평등하다고 믿었죠. 평생 진리를 믿고 추구한 간디가 인간을 차별하고 억압하는 제도와 싸운 건 당연한 결과였습니다. 남아프리카에서는 인종차별과 맞섰고, 인도에서는 인도를 억압하는 영국의 식민 체제와 불가촉천민에 대한 사회적 차별에 반대했습니다.

이 책에서는 간디의 비폭력과 진리의 탐구 정신을 1944~45년의 우리나라 광복군과 오늘날의 중학생 경훈이를 통해 말하고 있습니다. 광복군은 태평양전쟁을 일으켜서 무고한 사람들을 살상하던 일본 제국을 상대했고, 여러분의 나이 또래인 경훈이는 학교 폭력과 왕따에 맞섭니다. 그들은 간디처럼 폭력이 아니라 상대방의 마음을 움직이는 비폭력적 방식을 써서 문제 해결을 도모합니다. 더 많은 사람을 죽이는 쪽이 이기는 전쟁터에서, 더 많이 때린 학생이 이기는 학교에서 주인공들은 간디의 비폭력과 진리의 길을 따르지요.

인도에서 일본군을 상대로 활약을 펼친 우리나라 광복군에 대해선 여기서 덧붙이고 싶은 이야기가 있습니다. 약 10년 전에 연합군에 가담한 광복군의 행적을 찾는 우리나라 국사학자들을 동행할 기회가 있었습니다. 어렵사리 도착한 인도·버마 접경지대에서 우리 일행은 이국의 열대 정글에서 고국의 독립을 위해 분투한 그들의 흔적을 추적하면서 가슴이 먹먹해졌습니다. 광복군은 일본군을 상대로 작전을 펼치고 공적을 세워 태평양전쟁의 물줄기를 연합군 쪽으로 돌리는 데 공헌했습니다. 자료가 부족하고 덜 알려진 그들의 활동을 이 책에서 조금이나마 알리게 되어 기쁩니다.

아마도 여러분은 현실에서 폭력을 써야 할 때가 있을 겁니다. 인간의 본성이 더 많은 걸 갖고 싶고, 더 높은 자리에 오르고 싶어 하는 것이라 어쩔 수 없을지도 모릅니다. 이 책에서 주인공의 할아버지가 겪은 어른들의 전쟁은 가진 걸 더 갖고 싶어 하는 일본 제국주의자의 탐욕에서 시작되었습니다. 우리 교실의 크고 작은 갈등도 남을 이기려는 욕심에서 나옵니다. 그런 점에서 우리 학생들의 세계는 어른들의 세계를 축소한 것에 지나지 않는 것처럼 여겨집니다. 그렇다면 학생들은 어른들보다 순수하다고 말할 수 있을까요?

이 책을 쓰면서 우리 친구들에게 무죄를 주고 싶어졌습니다. 유죄는 누군가를 이기라고 압박하고 공부를 잘해야 한다고 끝없이 여러분을 부추기는 어른들에게 내려져야 한다고 생각해서입니다. 그럼에도 상대를 더 많이 죽이지 않으면 이길 수 없는 전쟁터와 달리 우리 교실에서는 평화로운 방법을 선택할 여지가 많다는 점을 말하고 싶습니다. 똑똑한 여러 친구들이 평화로운 방법을 써서 어른들과는 다른 더 나은 세상을 만들었으면 좋겠습니다.

물론 비폭력은 일상에서 실천하기가 쉽지 않습니다. '법보다 주먹이 먼저'라는 말처럼 누가 여러분에게 주먹질을 한다면, 자신도 모르게 주먹으로 한 대 맞받아치는 것이 보통이기 때문입니다. 간디의 위대함은 폭력을 쓰는 사람에게 사랑과 연민으로 대했다는 점에 있습니다. "사랑이 없으면 비폭력도 없다."라고 말한 그는 영국인이 아니라 인도를 지배한 영국의 식민 체제를 미워했습니다.

평화는 언제나 전쟁보다 좋고, 또 옳습니다. 나쁜 평화란 없습니다. 그래서 간디의 비폭력은 폭력보다 오래 갑니다. 그가 말한 비폭력은 세계대전이 끝난 뒤에도 다른 나라의 독립운동, 미국의 흑인운동, 아프리카의 인권운동에 영향을 주며 세계를 좋은 방향으로 바꾸는 데 기여했습니다. 정당성을 가지는 평화로운 해결 방식은 외부 사람들의 지지를 끌어내는 데도 효과적입니다. 그래서 간디의 '비폭력' 메시지는 인류의 역사가 이어지는 동안에는 늘 힘을 가질 것입니다.

이옥순

프롤로그

그날의 숨바꼭질

"꼭꼭 숨어라, 머리카락 보일라."

그날 난 우연히 외할머니 집의 부엌으로 들어갔다. 우연히? 아니다, 그렇진 않을 것이다. 세상에 우연은 없다지 않는가. 그날 숨바꼭질을 할 때마다 숨어들던 광으로 들어간 건 어쩜 필연인지도 모르겠다. 속상한 일이 이어져서 처음으로 가출을 하고 무작정 찾아간 시골집, 문수동의 빈집 마당에서 서성이던 내가 문득 할머니의 목소리를 떠올린 게 우연일 리 없다.

"우리 경훈이 어디에 숨었나?"

그랬다. 술래가 된 할머니는 나와 숨바꼭질을 할 때마다 큰 소리로 그 말을 여러 번 반복했다.

"어디에 숨었을까?"

여섯 살인 나는 그 말이 세 번쯤 들리면 키득거리거나 부스럭 소리를 내서 할머니에게 내가 어디 있는지 알려 주려고 애썼다. 사실 내가 숨는 곳은 늘 같았다. 부엌 광의 위층 구석이었다.

"할머니! 나 여기에 있는데."

때로 안달이 난 나는 일어나서 밖을 향해 소리를 지르곤 얼른 제 자리로 돌아가 숨었다. 그래도 할머니는 찾기 어려운 척 느릿느릿 뒤뜰의 장독대와 몸통이 굵은 밤나무와 복숭아나무를 한 바퀴 돌았다.

"여기에 있나?"

할머니는 부엌으로 들어오기 전에 문 앞에서 부러 큰 소리를 냈다. 부엌에 들어와서도 괜스레 솥뚜껑이나 찬장을 열어 보고 아궁이도 들여다보았다. 거기엔 사람이 숨을 공간이 없는데도 그랬다.

"여기도 없네! 어디 갔지?"

드디어 할머니가 내가 숨어 있는 광으로 몸을 돌렸다. 나는 들킬까 봐 조마조마해 하면서도 얼른 할머니가 어둡고 좁은 이 층 광에서 나를 찾아내길 바랐다. 할머니는 아래층을 다 확인한 뒤에야 위층으로 올라왔다. 그 좁은 곳에서 내 모습이 들통나는 건 시간문제였다.

"여기 숨었네! 우리 경훈이!"

할머니가 계단을 오르는 소리와 이 말이 들리는 그 짧은 시간의 짜릿함이 어린 나를 사로잡았다. 그래서 나는 할머니에게 술래잡기를 하자고 자주 졸랐다. 술래는 늘 할머니였다. 내 발이 가는 방향도 늘 부엌이었다.

숨바꼭질을 그만둔 건 여덟 살이 지나서였다. 할머니는 다리가 아파서 부엌 바닥으로 내려서거나 계단을 오르는 걸 힘들어했다. 그때쯤엔 머리가 한층 커진 나에게도 술래잡기보다 재밌는 일이 많아졌다.

할머니와 내가 숨바꼭질을 끝내던 부엌 광은 크지 않았다. 지금은 말끔히 치워져 아무것도 없었다. 그때는 어른이 고개를 숙여야만 들어갈 수 있는 나지막한 아래층에 왕겨에 묻힌 큰 항아리들이 주둥이만 내놓고 옹기종기 모여 있었더랬다. 어떤 항아리는 쌀독이었고, 어떤 항아리는 김칫독이었다. 뚜껑을 덮고 그 위에 왕겨를 흩뿌리면 그곳은 그저 왕겨 더미였다.

"비상시에 먹을 걸 그렇게 보관하셨지."

열 살이 된 뒤에야 시대에 뒤떨어진 부엌 광의 용도를 알게 되었다. 자주 할머니 댁에 내려오던 외숙모는 그곳이 힘든 생을 지내 온 할머니의 일기장과 같다고 말했다.

"내가 얼마나 산다고 집을 다시 지어."

누가 그 말을 엿듣고 거기에 있는 것들을 빼앗아 가기라도 하듯 낮고 은밀한 목소리였다.

어린 나는 할머니가 낡은 집을 고쳐 짓거나 수리하는 걸 마다한 이유가 그 광 때문이라고 추측했다. 한참 뒤, 할머니의 몸이 불편해진 뒤에야 부엌에 가스레인지가 들어왔다.

늦가을이 되면 푸성귀가 나지 않는 겨울철에 먹을 무와 배추가

왕겨 더미 속에 숨겨졌다. 내가 좋아하는 고구마도 거기에 묻혀 있었다. 시골이라도 집집마다 편리한 전자 제품은 다 있었다. 그래도 할머니는 재래식 부엌과 거기에 딸린 특이한 구조의 광을 애용했다.

나도 광이 좋았다. 추운 겨울날 오후에 왕겨 더미에 손을 넣어 고구마를 찾아내는 나만의 보물찾기는 큰 즐거움이었다. 할머니가 잘 구워진 고구마 껍질을 벗겨내면 조금씩 몸을 드러내던 노릇노릇한 속살이 눈앞에 떠올랐다.

"호호 불면서 먹어. 뜨거워, 아직."

할머니는 고구마를 받아 입가에 검댕을 묻히며 먹는 나를 지그시 바라봤다. 내 손에 들린 군고구마보다 더 따듯한 눈길이었다. 밟아서 박살 난 유리처럼 펴져 나간 할머니의 얼굴 주름이 편안해 보였더랬다. 그런 할머니를 다시는 볼 수 없게 되었다.

'내 강아지, 이리 와.'

'할머니 보고 싶어요!'

시각이 잠든 미각을 깨웠는지 군고구마의 달달한 맛이 입안에 침을 불러냈다. 오래된 일이건만 마치 어제 일처럼 생생했다.

'사람에 대한 기억은 머리가 아니라 배 속에서 나오는 걸까?'

이상하게도 할머니에 대한 추억은 모두 먹을 것과 연결되었다. 나는 침을 삼키고는 광의 위층으로 올라갔다. 위층에도 물건은 하나도 없었다. 할머니가 돌아가신 지 1년이 채 되지 않았는데 그 사람의 흔적이 다 사라졌다는 건 어린 내게 충격이었다. 아직 열여섯이라서 죽음을 이해할 수는 없지만, 생활 소품이 그득하던 할머니의 빈 창고를 보니 할머니의 부재가 실감 났다.

'할머니가 안 계신 이 집에 왜 왔을까……. 난 뭘 기대한 걸까…….'

갑자기 가슴이 답답했다. 다행히 달라지지 않은 것이 하나 있었다. 광의 아래층과 위층을 가르는 나무판자들은 여전히 삐걱 소리를 냈다. 나는 일부러 뒤꿈치를 한 번 높이 들었다가 내렸다. 다시 삐걱 소리가 났다.

할머니는 아래층의 천장이자 위층의 바닥이 약하다고 위층에는 주로 몸집이 작고 가벼운 물건을 두었다. 채, 키, 망태기 등 지금은 쓰지 않는 생활용품이 거기에 모여 있었다. 민속박물관에서나 만날 법한 물건들이었다. 내가 깔고 앉던 원통형 말이 광의 중간을 차지했었다.

위층 광에는 식구들만 아는 비밀이 하나 있었다. 한쪽 벽에 탁구공만 한 작은 구멍이 깔때기처럼 뚫려 있고, 그곳을 통해 밖이 내다보였다. 마당과 그 너머의 큰길이 눈에 들어왔다. 뒤편으로는 개울이 졸졸 소리를 내며 빠르게 흘러갔다. 한 줌 빛이 플래시처럼 그 작은 구멍으로 들어와 캄캄한 광의 바닥에 동전만 한 원을 그렸다. 덕분에 주변의 물건들이 어렴풋한 실루엣을 그렸고, 식구들은 낮에 전등이 없어도 광을 드나들었다.

술래잡기를 하지 않을 때도 나는 광을 찾았다. 작은 구멍으로 내다보는 바깥 풍경이 망원경으로 하늘을 보는 것처럼 좋았다. 탐정처럼 지나가는 사람들을 보면서 추측하는 일도 재밌었다.

그곳은 내게 영화 〈나니아 연대기〉에서 루시가 나니아의 세상으로 나가는 옷장이었다. 나니아처럼 낯선 곳은 아니지만, 나는 구멍 밖으로 보이는 친숙하면서도 변화하는 거리를 흥미롭게 내다봤다.

“경훈아, 이리 와 봐. 내가 비밀 하나 알려 줄게.”

“뭔데요? 할머니.”

어느 날 숨바꼭질을 끝낸 할머니는 내 손을 잡아끌었다. 문간 쪽 판자벽의 작은 쇠고리를 찾아 오른쪽으로 당긴 할머니는 “짠!” 하면서 네모난 작은 공간을 보여 주었다. 책 서너 권이 들어갈 만한 공간이었다. 그 안은 비어 있었다.

“이게 뭐예요?”

“보물 상자를 넣는 보물 창고라고 할까나.”

“창고가 이렇게 작아요? 안에 아무것도 없어요.”

“우리 경훈이가 나중에 한번 여길 들여다봐 봐. 할머니가 금화가 든 상자를 둘지도 모르잖아?”

“할머니, 그런 얘기는 동화에나 나와요. 안 믿어요.”

“이건 비밀이야. 너만 알고 있어야 돼. 쉿!”

할머니는 손가락을 입에 대더니 쇠고리를 왼쪽으로 당겼다. 빈 공간은 사라지고 원래의 판자벽이 되었다. 당시 컴퓨터게임에 재미를 붙이던 나는 얼마 뒤부터 숨바꼭질을 더 이상 하지 않았다. 그 공간은 내 기억에서 잊혀졌다. 많은 시간이 할머니와 내 곁으로 빠르게 지나갔다.

"꼭꼭 숨어라, 머리카락 보일라."

그때 내 뇌리를 스친 것이 그 공간이었다. 나는 손을 더듬어 작은 쇠고리를 찾았다. 약간 녹이 슨 쇠고리를 오른쪽으로 잡아당기자 할머니가 보여 줬던 작은 보물 창고가 나타났다. 창고가 아니라 상자만 한 공간이었다. 순간 가슴이 철렁했다. 거기에 색 바란 작은 상자가 들어 있었다. 나는 떨리는 손으로 그걸 꺼내 바닥에 내려놓았다.

누런색 상자는 외형상 특별한 점이 없었다. 할머니의 장롱 위에 올려져 있던 여러 상자 중 하나로 보였다. 낯설지가 않았다. 나는 조심스레 뚜껑을 열었다. 황색 봉투와 공책이 나왔다. 공책에는 일기가 적혀 있었다. 언뜻 보기엔 일기라기보다 비망록이었다. 봉투 안에는 시간의 힘에 눌려 변색한 사진 한 장과 명함 크기의 증명서가 들어 있었다.

나는 상자를 들고 마당으로 나와 자세히 들여다봤다. 사진 속에는 군복을 입은 젊은 남자와 이 빠진 나이 든 남자가 환히 웃고 있었다. 처음엔 구별이 어려웠으나 나는 곧 그들이 누군지 깨달았다. 젊은 이는 오래전에 돌아가신 외할아버지였고, 나이 든 사람은 책과 영화에서 수없이 본 마하트마 간디였다. 사진 뒤에는 만년필로 '1945년 8월 21일, 델리에서'라고 적혀 있었다. 머리가 멍해졌다.

'할아버지가 어떻게 간디와 사진을 찍었지?'

놀랄 일이 하나 더 있었다. 사진과 나란히 햇빛 속에 모습을 드러낸 작은 종이쪽지는 훈장증이었다. 고급스럽게 두 개의 무궁화와 사방에 금박을 입힌 조그마한 증서에는 '은성 화랑무공 훈장증'이란 글자와 이규선이란 이름이 보였다. 분명히 외할아버지의 이름이었다. 뜻밖의 물건과 맞닥뜨린 나는 놀라서 털썩 바닥에 주저앉았다.

나는 평상에 앉아서 할아버지의 비망록을 펼쳤다.

1

누구에게나 비밀이 있어

1

모든 시작은 연두색이었다. 추운 겨울을 지나면 어두운 갈색이던 산과 들이 연두색으로 변하면서 새 시작을 알렸다. 산수유가 노란 꽃잎으로 인사를 하면 겨우내 잠자던 나뭇가지에서 연한 연두색 새싹들이 살그머니 몸을 내밀었다. 나는 그런 봄이 좋았다.

'봄봄봄봄 봄이 왔어요~'

봄이었다. 나는 봄을 좋아했다. 이 무렵엔 뭔가 가슴이 벅차올랐다. 잠을 자던 사람들이 아침에 일어나서 일제히 일을 시작하는 것처럼 갑자기 온 세상이 소리 없이 부산했다. 버들가지에 물이 오르면 얼어붙은 앞산과 뒷산의 진달래들이 잎사귀보다 먼저 분홍색 꽃송이를 드러냈다.

'복숭아꽃 살구꽃 아기 진달래~'

봄, 여름, 가을 그리고 겨울로 이어지는 계절. 봄은 한 해의 시작이었다. 시골에서는 한 해 농사가, 학교에서는 새 학기가 시작되었다. 나도 연둣빛 희망을 안고 새로운 학교에서 새 학기를 시작했다. 여섯 살부터 살던 강원도를 떠나 서울의 중학교로 전학한 내 가슴은 콩닥콩닥 뛰었다.

"울 강아지가 서울 가네!"

할머니가 살아 계셨으면 아마도 그렇게 놀렸을 것이다.

"할머니, 난 강아지가 아니에요!"

나는 강아지라고 불리는 걸 싫어했지만, 할머니가 날 사랑한다는 걸 그 단어로 느끼곤 했다. 할머니의 강아지인 나는 진짜 강아지인 백구와 잘 놀았다. 너른 마당에서 같이 공놀이를 했고, 함께 들판으로 쏘다녔다.

열 가구가 여기저기 흩어져 사는 문수동에서 내가 놀 만한 친구는 백구 말고는 한 명밖에 없었다. 단 한 명이었다. 애들과 젊은 사람들은 다 대처로 떠나고 나이 든 사람들만 사는 동네였다.

단 한 명의 친구는 준호였다. 준호는 나보다 세 살이 많고, 키도 한 뼘이나 더 컸다. 어른들 몰래 은근히 나를 부려먹어서 친구라고 부르긴 좀 그랬다. 솔직히 말하면, 준호는 친구가 아니라 나의 대장, 나의 두목이었다. 그의 부하도 달랑 나 혼자였다.

"그렇게 놀다간 애가 인생낙오자가 되겠어요."

"그럼 대체 애들은 언제 노냐? 어른이 되면 놀지도 못하는데."

할머니는 아이 때는 놀아야 한다고 믿었다. 그런 점에서도 좋은 분이었다. 할머니는 공부를 잘해야만 성공한다고 여기는 많이 배운 엄마와 내 교육과 진로 문제로 종종 다투었다.

"'노세 노세 젊어서 노세'라는 노래도 있잖아."

할머니는 노래를 흥얼거리더니 단호하게 말했다.

"경훈이가 여기 있는 동안 교육은 내가 책임진다! 아니면 경훈이를 데려가든지."

그날 할머니의 선언으로 나는 초등학교 1학년 때부터 공부라는 굴레에서 완전 자유로웠다.

엄마가 할머니와의 전투에서 작전상 후퇴한 것은 여러 사정이 있어서였다. 그 무렵 아빠와 헤어진 엄마는 공부를 더 하려고 대학원에 진학했다. 학원에서 강의를 하면서 공부를 병행하게 된 엄마는 몹시 힘들어했다.

할머니와 여러 번 전화를 주고받던 엄마는 어느 날 심각한 얼굴로 나에게 물었다.

"경훈아, 할머니랑 시골에서 살래?"

"응."

나는 그렇게 대답해야 엄마가 좋아할 것 같다는 생각이 들었다. 어려도 그 정도는 눈치로 알았다. 엄마가 밤에 혼자서 술을 마시며 괴로워하는 걸 본 적이 있었다. 힘든 상황이 엄마에게 닥친 것이 틀

림없었다. 난 어렸고, 그런 엄마를 도울 힘이 없었다.

그전에도 엄마를 따라서 할머니 댁에는 수없이 가 봤다. 엄마의 엄마인 외할머니는 나한테 잘해 주었다. 세배를 드리러 가면 어린 내게 용돈을 주었고, 먹을 걸 몰래 챙겨 주었다. 엄마처럼 이러면 안 된다, 저러면 안 된다 하지 않는 점도 좋았다. 할머니와 사는 일이 나쁠 건 없다고 생각했다.

얼마 뒤에 엄마는 내가 그렇게 졸라도 사 주지 않던 로봇을 품에 안겨 주곤 할머니 댁으로 나를 데려갔다. 홀가분하면서도 아쉬운 감정이 내 안을 빙 돌다가 사라졌다. 그 감정이 뭔지 헤아리기엔 내가 너무 어렸다.

나는 외할머니에게 맡겨졌다. 강원도 철원이었다. 공식적으로는 철원군에 속해도 화천군 쪽에 붙어 있었다. 문수동이라는 이름을 가진 할머니의 마을에서 보이는 건 온통 산뿐이었다. 앞산과 뒷산의 사이가 500미터 정도인 좁은 골짜기 사이로 옅은 개천이 흘렀다. 북으로 흐르는 개울 옆으로 도로가 나 있고, 그 위로 두 시간에 한 번씩 마을버스가 지나갔다.

심심했다. 어린 내게는 사방이 산인 단순한 세상이 지루했다. 무엇보다 사람이 별로 없어서 무서웠다. 처음엔 할머니 몰래 많이 울었다. 차도 많고 사람도 많은 복잡하고 어지러운 서울이 그리웠다.

곧 나는 시골에 적응했다. 로봇을 껴안고 잠을 청하던 나는 바깥 세상으로 눈을 돌렸다. 내 손을 타지 못한 로봇은 방구석에서 잠만 자는 신세가 되었다.

집 밖에는 없는 것이 없었다. 책에서 배운 새와 곤충, 꽃과 풀이 무한대였다. 느릿하게 흘러가는 개울의 양 옆엔 돌과 바위도 많았다. 봄과 여름이 달랐고, 가을과 겨울이 다른 모습이었다. 사시사철이 비슷한 서울과는 딴판이었다. 가끔 서울이 생각났으나 그건 그리움이 아니었다.

"넌 타고난 촌놈이야!"

"서울 애 같지가 않아."

이웃에 사는 어른들은 시골 생활에 금방 적응하는 나를 보고 칭찬과 놀림을 반쯤 섞어서 말했다. 경이로워하는 것도 같았다.

"애들은 원래 환경 적응이 빨라요."

"아이들은 많은 걸 써 넣을 수 있는 빈 칠판이에요."

할머니가 말했다. 머릿속에 든 것이 많은 어른들은 새로운 걸 받아들이기가 힘들지만, 어린 나는 모든 것에 열려 있었다. 시간이 지나면서 내 안의 빈 칠판에는 많은 것이 쓰여졌다.

"애들은 놀아야 돼."

"다른 애들은 다 다녀요."

할머니는 방과 후에 학원을 보내라는 사람들의 오지랖을 무시했다. 사람이 많이 사는 면 단위 마을에 있는 학원의 차량이 나를 데려오고 데려다준다고 했다. 할머니는 망설이지 않고 고개를 저었다.

"나와 있을 때라도 놀게 해 줘야지. 서울에 가면 실컷 공부할 텐데."

할머니의 도움으로 나는 공부를 잘해야 한다는 스트레스에서 놓여났다. 집에서 2킬로미터 떨어진 분교에서 돌아오면 나는 마냥 자유로웠다. 무한대의 자유가 나를 기다렸다.

서울에서는 유치원이 끝나도 미술 학원과 피아노 학원을 다니느라 놀이터에 나갈 시간이 없었다. 나는 그때 맞은편에 앉은 아이와 교대로 올라갔다가 내려오는 시소 타기를 좋아했다. 하늘로, 땅으로 한 차례씩 주고받으며 오르내리는 것이 공평하다고 여겨졌다. 그 좋아하는 시소도 맘껏 못 탈 정도로 유치원생인 나는 바빴다.

문수동에서는 모든 것이 여유롭고 공평했다. 저녁 어스름까지 놀아도, 시간을 넘겨서 일어나도 뭐라는 사람이 없었다. 무엇보다 작은 문수동에는 '엄마 친구의 아들'이 없었다. 학교에서 돌아오면 가방을 마루에 집어던지곤 마당으로 들판으로 강아지와 함께 강아지처럼 내달았다. 어떤 날은 나의 대장 준호를 따라 산과 들로 모험을 떠났다.

"콩을 심었으니 콩이 나는 거야."

할머니의 말대로 노는 날이 많은 나의 성적은 그만그만한 수준이었다. 뛰어나게 공부를 잘한다는 소리를 듣진 못했지만 못한다고 지적을 받은 적도 없었다. 나는 그저 평범한 아이였다. 그게 내 맘을 편안하게 했다. 공부는 못해도 내 속은 나날이 여물어 갔다.

한때 공부를 잘한다고 소문났던 엄마는 나의 평범함을 싫어했다. 내가 학년이 올라갈수록 걱정이 태산인 엄마는 종종 혼잣말처럼 할머니에게 말했다.

"아무래도 경훈이를 서울로 데려가야겠어요."

"내가 죽으면 데려가려무나."

할머니의 답은 늘 같았다. 입버릇처럼 전화로, 집에 찾아와서 걱정을 풀어놓던 엄마는 그 말을 작년 말까지 실천하지 못했다. 두 달 전, 겨울방학이 시작될 무렵 할머니가 잠을 자다가 말없이 세상을 떠날 때까지 그랬다. 그동안 나는 문수동에서 9년을 살았다.

"많이 배운 사람은 생각이 많아. 그중 절반이 쓸데없는 거야."

할머니는 엄마를 위한 변명인지 내게 가르침을 주려는 것인지 뜻을 알 수 없는 말로 그 문제를 얼버무렸다.

할머니는 몰랐을 테지만, 난 처음부터 엄마를 이해했다. 엄마가 나름으로 치열한 삶을 살고 있다는 걸 잘 알았다. 대학원을 마친 엄마는 외국으로 유학을 떠났고, 오랫동안 돌아오지 않았다. 처음엔 엄마와 전화를 자주 주고받았으나 거기 사정인지 전화가 잘 안 터지는 문수동의 사정인지 그 빈도가 점점 줄어들었다.

그동안 나는 초등학교를 마치고 집에서 6킬로미터 떨어진 곳의 근화중학교에 진학했다. 5년의 긴 해외 유학을 마친 엄마가 박사 학위를 들고 귀국한 것이 겨우 2년 전이었다.

할머니가 없는 시골집을 떠나 엄마에게 돌아온 나는 새 학기에 새로운 학교로 옮겼다. 허나 연둣빛에서 시작된 나의 희망은 초록색이 되지 못했다. 2학년 3반 새 교실에서 만난 급우들은 첫날부터 냉정했다. 냉정하다기보다 무심하다는 표현이 맞았다.

"재, 강원도 촌에서 왔대!"

"어쩐지, 촌티가 좔좔 흐른다 했어. 후훗."

그런 말이 내 뒤에서 들렸다. 못 들은 척하고 넘겼다. 서로가 서로에게 서먹서먹한 신학기라서 그렇다고 나 자신을 위로했다. 맞는 말이었다. 나는 촌에서 온 전학생이었다.

시간이 지나면서 나는 은근히 따돌림을 당한다는 걸 어렴풋이 느꼈다. 아무도 내게 말을 걸지 않았다. 쉬는 시간이나 체육 시간에도 내 곁으로 오는 학생이 없었다. 난 문수동에서처럼 혼자였다. 혼자 먹고, 혼자 놀고, 혼자 공부했다. 그다지 맘이 아프진 않았다. 급우들의 텃세라고 여기고 한동안 참아야 한다고 받아들였다.

4월 초의 미술 시간이었다. 그날도 멋지게 차려입은 미술 선생님은 제목을 내주며 우리에게 그림을 그리게 했다.

"아직 새 학기죠? 선생님은 여러분이 어떤 사람인지 알고 싶어요. 자, 지금부터 지난해 가장 기억에 남았던 일을 떠올려 그림으로 표현해 보세요. '내 기억 속의 풍경'이란 제목으로요."

"선생님, 아무거나 그려도 돼요?"

"기억에 남았던 일이 없는 사람은 어떻게 해요?"

아이들은 한마디씩 떠들었다. 그 순간 난 할머니와 살던 문수동의 앞산을 생각했다. 지금쯤 양지바른 쪽엔 진달래가 한창일 것이다. 울타리처럼 집 뒤에 서 있는 살구꽃과 복숭아꽃도 화사하게 피었으리라. 나는 연필로 스케치한 뒤에 연두색 물감을 먼저 칠했다.

그때 갑자기 다가온 어떤 손이 내가 그린 그림에 마구잡이로 붓질을 더했다. 도화지엔 붉은색, 파란색, 온갖 색상이 마구 덧칠해졌다. 내가 누군지 알아내기도 전에 서너 명의 아이들이 까치발로 재빨리 다가와서 빠른 붓질로 내 그림을 망쳐 놓았다. 순식간이었다.

난 멍하니 정체 모를 추상화가 된 내 스케치북을 내려다보았다. 울긋불긋하고 푸르죽죽하며 엉망진창이었다. 미술 선생님은 우리에게 등을 보이고 창밖을 내다보고 있었다. 교실 안은 아무 일도 없었다는 듯이 조용했다.

놀란 가슴이 진정되자 나는 침착하게 온갖 색상으로 뒤범벅이 된 도화지를 검은색으로 칠했다. 문수동의 밤처럼 까맣게 변한 도화지에 나는 노란색으로 별을 서너 개 그렸다. 꼬리를 길게 빼고 떨어지는 별똥별과 하얀 은하수도 그려 넣었다. 그러곤 그림에 제목을 붙였다.

'별 헤는 밤'

그날 미술 선생님은 내 그림만 가작으로 뽑았다.

"아이디어가 재밌어. 여긴 어디야?"

난 그냥 웃었다. 선생님은 〈별 헤는 밤〉이란 시를 아는 학생은 손을 들라고 말했다. 손을 든 반장이 윤동주의 시를 읊었다.

"……

별 하나에 추억과

별 하나에 사랑과

별 하나에 쓸쓸함과

별 하나에 동경과

별 하나에 시와

별 하나에 어머니, 어머니,

……"

내 그림이 가작으로 뽑힌 그날이 내 아픔의 시작이었다.

2

비행기에서 내려다본 도시의 색깔은 푸르스름한 빛이 도는 녹색이었다. 일 년 내내 여름인 나라, 상하(常夏)의 나라에 왔다는 느낌이 들었다. 멀리 도시를 가로지르는 희뿌연 강물이 바다와 슬그머니 손을 잡는 모습이 한눈에 들어왔다.

"우리 비행기는 캘커타[1]에 곧 착륙합니다."

책에서 본 대로라면 강은 아마도 후글리일 것이고, 바다는 벵골만이리라. 고향의 한강을 떠올린 것도 잠시, 우리를 태운 비행기는 곧 도시 외곽의 덤덤 공항에 착륙했다.

짐을 챙겨 들고 밖으로 나온 우리 일행은 즉시 덥고 습한 캘커타의 날씨에 포위되었다. 숨이 막혔다. 빵을 찐 솥을 열었을 때의 열기와 습기가 확 얼굴을 덮치듯 그야말로 찜통더위가 온몸을 에워쌌다.

"한국광복군입니까?"

"그렇습니다."

"이리로 오십시오. 여긴 우기(雨期)라서 아주 무덥습니다."

"네."

1943년 8월 29일, 열 명의 우리 일행을 마중 나온 작은 키에 콧수염을 기른 영국군 장교는 우리말을 아주 잘했다. 나와 동지들은 은밀히 안도의 눈길을 주고받았다. 그는 한국에서 십 년간 선교사를 지낸 캐나다인 존 나티신이었다. 일본 정부의 기독교 박해가 심해지면서 재작년에 추방되자 인도를 택한 그는 큰 뜻을 품고 영국군에 입대했고, 영국군과 합작하는 우리 광복군의 통역관이자 연락장교로 선발되었다고 설명했다.

"여기서 만나다니 반갑습니다."

"인생이란 언제 어디서 어떻게 만날지 모르는 거죠, 하하."

카키색 반바지에 정강이까지 오는 긴 양말을 신은 나티신에게서는 전쟁의 급박함이 풍기지 않았다. 나중에 들은 이야기론 그는 아이가 네 명이 있고 나이는 마흔이 다 되었다. 우리 광복군 대원들에겐 큰형님이나 삼촌뻘이었다. 가늘고 긴 지휘봉을 손에 든 웃는 얼굴의 나티신 대위는 어두운 밤에 갑자기 나타난 불빛처럼 긴장한 우리의 몸을 천천히 풀어 놓았다.

영국군 사령부로 이동하는 차 안에서 우리는 말없이 바깥 풍경에 시선을 던졌다. 우리를 기다리는 미래에 대한 불안과 우리가 젊어

질 책임감이 끊임없이 안에서 요동했다. 무더위가 무차별적으로 선사한 땀이 온몸을 타고 흘러내렸다. 덥다는 말로는 충분치가 않았다.

"이곳은 바다가 옆이고 큰 강이 있어서 매우 무덥습니다. 요샌 장마철이어서 더 그래요."

거리에선 전쟁의 기미가 느껴지지 않았다. 간간이 군용 트럭과 지프가 지나갔다. 우리가 갈 전선은 여기서 꽤 멀었다. 피부색과 차림이 다른 낯선 사람들, 이국적인 건물과 물건들, 전봇대에 붙어 있는 간디 사진과 '영국, 물러가라!'라는 구호, '그럼에도 삶은 이어진다'고 말하는 오락 영화 포스터, 그리고 선명해서 오히려 슬픔을 주는 원색의 꽃나무들이 눈을 때리면서 차창 밖으로 지나갔다.

그런데 뭔가 이상했다. 호기심을 재빨리 잡아내는 시각과 달리 후각은 탁하고 무더운 공기와 근원을 알 수 없는 이상한 냄새로 명쾌한 기분을 주지 못했다. 뚜껑이 반쯤 덮인 쓰레기통을 앞에 둔 것처럼 도시 곳곳에서 음험한 냄새가 스멀거리며 기어 나왔다. 그렇다고 물어볼 수도 없었다.

그 냄새의 원인을 알게 된 건 사흘이 지난 뒤였다. 이곳, 캘커타가 포함된 벵골 지방에서 올해 벌써 300만 명이 굶어 죽었다는 뉴스를 신문에서 읽었다. 믿기지 않는 숫자였다.

"전쟁터가 따로 없네요."

"사는 것이 전쟁이죠."

많은 사람이 단기간에, 그것도 평화로울 때 굶어 죽었다는 것을 상상조차 할 수 없었다. 집에서 마을에서 먹을 것이 없어서 죽었다는 사실이 야만처럼 여겨졌다. 문명국을 자처하는 영국의 식민지에서 일어난 일이라 내겐 더욱 놀라웠다. 나는 통역관인 나티신 대위에게 조심스레 물었다.

"여기 정부는 아무런 일을 안 하나요?"

"정부가 본국에 식량을 지원해 달라고 요청했지요."

"그런데요?"

나티신 대위는 쓴웃음을 짓고는 잠시 뜸을 들인 뒤에 목소리를 낮춰 대답했다.

"처칠 수상이 이렇게 말했다는군요. '만약 식량이 부족해서 사람들이 죽는다면 왜 간디는 아직 죽지 않았나요?'라고요."

"어처구니가 없군요. 거기서 간디 이야기가 왜 나와요?"

"처칠이 인도와 간디를 아주 싫어하거든요."

다른 동지들이 대화에 끼어들었다.

"그럼 자기 나라로 돌아가지, 왜 여기에 있대요?"

"상해에서 봤는데 영국인들이 인도인들을 막 대하던데요."

"인도인의 몸이 처칠의 반밖에 안 되는 이유가 못 먹어서였군요."

"주인이라도 종이 굶어 죽게 내버려 둬서는 안 되는데……. 이게

뭐죠?"

"그나저나 우리가 그런 영국에게 협력하는 건가요?"

나티신은 목소리를 더 낮췄다. 낮말은 새가 듣게 마련이었다. 여기는 영국군 병영이고 힘은 그들이 쥐고 있었다.

"그들이 일본과 싸우니까요."

"우리도 일본과 싸우고요."

나는 말끝을 흐렸다. 내 나라를 강제로 빼앗은 일본과 싸우는 영국과의 합동작전, 인도에 온 우리 열 명의 광복군 인도 공작대가 앞으로 수행할 임무였다.

"적의 적은 우리 편이죠. 우린 일본과 싸우는 영국과 한편이에요."

"영원한 우방은 없어요. 물론 영원한 적도 없지요."

우리의 대화는 거기에서 끝이 났다. 영국 제국주의가 일본 제국주의보다 좋다곤 할 수 없었다. 인도의 지배자 영국과 우리나라를 점령한 일본은 본질에서 같다는 것이 내 생각이었다. 며칠간 캘커타를 오가면서 본 많은 건물, 위엄을 과시하는 큰 돔을 가진 건물들이 경성의 건물들과 닮은 것도 그랬다. 그러나 지금 내가 생각할 건 오직 우리나라의 독립이었다.

"우린 오늘만 생각하죠!"

"그래요, 내일 일은 내일 고민합시다."

아침에 내린 소나기로 대기는 한층 습해졌다. 땀에 젖은 군복이 몸에 착 들러붙어 움직일 때마다 애를 먹였다.

며칠을 캘커타의 영국군 사령부에서 보낸 우리는 본격적인 훈련을 받기 위해 인도의 수도이자 영국군 총사령부가 있는 델리[2]로 향했다. 후글리 강을 가로지른 아치형 현수교를 건너자 바로 하우라 역이었다. 역사 안팎에는 사람들이 바글바글했다. 나티신은 기차역으로 들어가기 전에 위용을 뽐내는 거대한 다리를 가리키며 말을 이었다.

"작년에 개통된 철교인데요. 높이가 최고 82미터로 2만6천 톤의 강철이 들어갔답니다."

"일본이 여기를 공습했다면서요?"

"1941년 12월 5일이니 진주만 공습보다 이틀 빨랐습니다. 일본이 실수한 거죠."

"덕분에 우리가 인도에 왔습니다."

우리는 '칼카 메일'이라는 열차에 올랐다. 캘커타가 1912년까지 인도의 수도일 때 무더위에 지친 백인 나리들을 시원한 히말라야로 모시려고 개통된 열차였다. 지금은 수도가 델리로 옮겨 갔고, 시믈라[3]가 델리에서 더 가깝지만 열차는 여전히 긴 여정을 달리며 성업 중이었다.

델리까진 40시간이 넘게 걸렸다. 멀고 먼 거리였다. 인도가 중국

만큼 인구가 많고 땅이 큰 나라라는 사실이 실감 났다. 출발이 늦어진 기차는 생각보다 느리게 달렸다. 기차가 역에 설 때마다 수많은 사람이 올라탔다.

웃통을 벗은 짐꾼들이 떼 지어 올라와 하차할 승객의 짐을 잡아챘다. 머리에 이고 양손에 큰 가방을 든 짐꾼들이 빠르게 움직였다. 골격이 훤히 보이는 짐꾼들의 등에서 가난이 묻어나왔다.

창밖으론 몬순기의 물을 먹은 갠지스 평야가 끝없이 펼쳐졌다. 저런 곡창지대를 가지고도 사람들이 굶어 죽는다는 현실이 아프게 느껴졌다. 차창 밖으로 보이는 사람들, 기차를 오르내리는 승객들의 다수는 흰 무명옷을 걸쳤다. '백의민족'이라는 말이 생각났다.

그래도 서두르거나 초조한 빛을 보이는 사람은 없었다. 전쟁이 벌어졌다는 걸 느낄 수가 없었다.

"이 포크는 도대체 왜 준 거야? 전쟁터도 아닌데 여기서부터 싸우라는 거야?"

무료함을 깨느라고 쾌활한 성격의 송 동지가 혼잣말처럼 우스갯소리를 던졌다. 저녁밥을 먹는 도중이었다. 컴컴한 차창 밖에 시선을 두고 있던 나는 포크를 손에 들고 덤비라는 자세를 취했다.

"전쟁 연습을 하라는 거겠지요. 얍! 이 작은 삼지창을 받아라!"

"혹시 너는 저팔계? 너도 받을지어다, 얍!"

덜컹거리는 기차에서 뒤척이며 밤을 보낸 나는 새벽 어스름이 기차 안을 기웃거릴 때 눈을 떴다. 홍차 주전자를 든 장사꾼이 새벽보다 먼저 와 있었다. 설사병이 나서 물을 맘대로 먹을 수 없는 나는 홍차를 마실 요량으로 그를 불렀다. 이 빠진 사기 찻잔에 담긴 홍차를 한 모금 입에 넣었다. 달콤했다. 후덥지근한 날씨에 뜨거운 음료가 들어가니 몸이 후끈거렸다.

'영국은 인도에서 물러가라!'

기차가 역에 멈출 때마다 내 눈을 잡아끈 것은 벽이나 전봇대에 붙어 있는 포스터였다. 간디의 얼굴이 실린 벽보도 많았다. 포스터는 더러는 온전하고 더러는 훼손된 상태였다. 인도에 먼저 왔다는 이유로 나티신이 변호사처럼 인도 상황을 변호했다.

"작년에 나라가 온통 난리가 났어요. 반영(反英) 운동이 전국에서 벌어졌죠. 영국더러 인도에서 떠나라고 요구하는 운동이었습니다. 1857년 이후 벌어진 최대의 반영 투쟁이었어요."

"간디가 나섰나요?"

"네, 버마[4]를 점령한 일본이 인도까지 노리자 영국이 일본과 싸우겠다고 선언했기 때문이죠. 왜 인도에서 다른 나라들이 싸움을 하느냐는 거죠. 우리나라는 우리가 지킬 테니 영국더러 인도에서 물러나라고 요구했습니다. 운동이 격렬했어요."

"영국이 물러가면 일본이 인도를 칠 이유가 없어지나요?"

"일본이 그럴 리가 없지요. 전쟁은 인간의 탐욕에서 나온다잖아요."

나티신은 작년의 반영 운동으로 수만 명이 감옥에 갇히고 그 두 배가 넘는 사람들이 다쳤다고 말했다. 운동은 비폭력의 수준을 넘어섰고, 그 여파가 인도인에게도 영국인에게도 남아 있다고 덧붙였다.

"발 없는 말이 천 리를 갑니다. 느린 인도에서 소리보다 빠른 것이 소문인데요. 작년의 반영 감정이 그렇게 퍼졌죠."

나티신은 우리나라에서 그랬듯이 피지배자인 인도인에게 연민을 가진 듯이 보였다. 나는 캘커타 시내와 기차역 주변에서 백인들이 당당하게 걷는 데 비해 인도인들이 움츠린 자세로 움직이는 걸 알아챘다. 움츠린 인도인들은 백인을 보고 웃지 않았다. 그들의 눈길은 싸늘했다.

'그 눈빛을 어떻게 표현할 수 있을까?'

나는 눈을 감았다. 인도인의 은근한 적대감이 무겁게 내 어깨를 눌렀다.

"지금 간디는 무얼 하고 있나요?"

"작년부터 감옥에 갇혀 있죠. 간디 부인도 투옥되었어요. 올해 2월엔 간디가 21일간 단식투쟁을 벌였습니다."

"영국은 나이가 많고 몸이 약한 간디가 무서운가 봐요?"

"1인 군대라고 할 수 있거든요."

"비폭력의 힘인가요? 그가 가진 게 뭘까요?"

"맨손이지만, 수억 명의 인도인이 간디를 응원하기 때문이죠."

"가진 것이 없지만 모든 걸 가진 사람이군요."

조국의 독립을 꿈꾸며 광복군에 지원한 우리 일행의 대화는 계속되었다. 제국주의와 식민지, 해방과 독립이 주제였다. 젊은 우리는 피가 끓었다.

델리로 가는 길은 아직도 멀었다. 나는 인도인의 구호를 입속으로 중얼거렸다.

"물러가라! 물러가라!"

3

"할머니, 간디가 누구예요?"

할머니는 나에게 간디의 이야기를 정말 많이 들려줬다. 여섯 살 때엔 간디가 누군지 몰라서 이야기를 듣다가 다시 그가 누구인지를 묻곤 했다.

"인도라는 나라에 살았던 훌륭한 분이란다."

"언제요?"

"그리 오래지 않아."

할머니가 들려주는 간디 이야기는 내 수준에 딱 맞았다. 할머니는 어릴 적의 간디가 나처럼 겁쟁이였다고 말했다. 겁이 많아서 밤에 오줌을 누러 밖에 나가지도 못했고, 공부도 잘하지 못했다고 했다.

"너처럼 수줍어서 친구도 없었어."

마음이 약해서 친구를 사귈 엄두를 못 낸 어린 간디는 학교가

파하자마자 집으로 내뺐다. 나와 비슷했다. 할머니는 그런 간디가 나중에 어른이 되어 나라를 위해, 세계를 위해 훌륭한 일을 한 용감한 사람이 되었다고 내 등을 두드리며 이야기를 끝냈다. 어린 내겐 행복하게 끝나는 그 이야기가 아주 좋았다.

"아이들의 미래는 무한해. 열지 않은 비밀 상자야. 그 안에 무엇이 들어 있는지는 아무도 모르지. 우리 경훈이는 어떤 어른이 될까."

내가 친구가 없는 건 이 동네에 같이 놀 친구가 없어서였다. 그래도 어린 시절의 간디처럼 친구가 없는 것이 나쁘진 않다는 생각이 들었다. 공부를 잘하지 못하는 나도, 엄마 말대로 시골에서 경쟁 없이 살아가는 나도 미래의 희망이 남아 있었다.

"나는 비밀 상자야."

그 말이 뭔가 뿌듯했다. 무엇이 들었는지 아직 모르는 비밀 상자, 그래도 난 평범한 아이였다. 어린 시절의 간디처럼 겁이 많았다. 낮엔 백구와 온 동네를 돌아다녀도 문수동에 어둠이 내리면 무서워서 밖에 나가지 못하는 겁쟁이였다. 나는 싸움을 잘 못하고 싸우는 걸 피했다. 귀신이 나오는 이야기도 싫었다. 아이들은 이불을 뒤집어쓰고 진저리를 치면서도 무서운 이야기를 좋아한다지만, 난 아니었다. 무서운 이야기를 들으면 꿈에 그들이 나타나 나를 괴롭혔다.

"우리 강아지, 이리 와."

할머니는 꿈에서 깬 나를 잡아당겼다.

"할머닌 간디를 만난 적이 있어요?"

"아냐, 난 못 만났어. 돌아가신 할아버지가 간디를 만났지."

"언제요?"

"예전에……."

할머니는 말끝을 흐렸다. 말끝을 흐리는 것은 더는 말하고 싶지 않다는 뜻이었다. 그래도 나는 나중에 어른이 되어서 잘 살았다는 할머니의 간디 이야기를 다시 들었다.

초등학교 고학년이 되면서 할아버지가 옛날에 간디를 만났다는 이야기는 할머니가 꾸며 냈다고 짐작했다. 아무리 생각해도 산골에 살았던 할아버지가 그 먼 인도에 있는 간디 할아버지를 만났을 리가 없었다. 어른들은 내가 어렸을 때 "넌 다리 밑에서 주워 왔어."라고 놀렸다. 그땐 은근히 걱정을 했지만, 난 분명히 서울의 소격동에서 태어났다. 어른들은 할 말이 없으면 이야기를 꾸며 냈다. 간디의 이야기도 그럴 것이었다.

"할머니는 왜 간디를 좋아해요?"

"위대한 인물이니까 그렇지. 책을 읽어 봐."

고학년이 될 무렵엔 나도 간디에 대한 책을 여러 권 읽었다. 할머니의 집에 있는 책, 학교 도서실에 있는 간디에 관한 책을 다 읽었다. 납득할 수 없는 이야기도 있었지만, 맨손으로 인도의 독립을 이뤄내는 내용이 감동적이었다. 나는 위인전 《간디》를 읽은 독후감을 서울의 큰 서점에 응모해서 세 권의 책을 상품으로 받았다.

할아버지가 간디를 만났느냐 하는 문제는 그다지 중요하지 않았다. 할아버지는 오래전에 돌아가셨다. 사진에서만 그 모습을 봤을 뿐이라 별다른 감정이 느껴지지 않았다. 그 무렵의 나는 과거 속으로 들어간 사람에겐 흥미가 없었다. 내가 관심을 갖는 문제는 현재였다. 산과 들에 피고 지는 무수한 풀과 꽃, 새와 나무, 개천의 송사리와 개구리까지 난 살아 있는 현재가 흥미로웠다.

내겐 또 하나의 현재가 있었다. 할머니에게 말하지 못하는 비밀이었다. 어른들은 몰랐지만, 유일한 친구인 준호가 나를 부려먹었다. 나는 힘으로 그를 이길 수가 없었다. 나보다 키가 큰 준호는 몸집도 컸고 말도 잘했다.

"너, 이것 좀 들고 갈래?"

처음엔 자기의 가방을 들어 달라고 아무렇지도 않은 듯이 말했다. 내가 초등학교 2학년인 어느 초여름이었다. 양옆으로 하얀 아카시아 꽃이 흐드러지게 핀 길을 따라서 공부를 마치고 집으로 돌아올 때였다.

그날부터 인적이 드문 등·하굣길에서는 어김없이 내가 그의 가방을 들어 주는 시중꾼이 되었다. 준호는 동네 사람이 다가오는 걸 보면 얼른 제 가방을 내 손에서 낚아챘다. 그러곤 형이 아우를 돌보듯이 다정하게 대했다. 그는 연극배우였다. 한 치의 실수가 없었다.

나는 그런 준호를 거역하지 못했다. 마을에 있는 단 하나의 친구를 잃고 싶지 않았다.

"우리는 문수동 원정대야."

준호는 나의 대장이었다. 길눈이 밝은 그와 보낸 좋은 추억이 내겐 아주 많았다. 가장 기억에 남는 건 그를 따라서 마을의 왼쪽 길로 접어들어 40분가량 산으로 올라가자 우렁차게 들리던 폭포 소리였다. 할머니는 길이 험하고 산짐승이 나온다고 뒷산에 올라가지 못하게 했다. 하지만 나는 그곳을 이미 여덟 살 여름방학에 가 봤다. 산 위에서 떨어진 폭포가 웅덩이를 이룬 그곳에서 우리 둘은 개구리헤엄을 치며 멱을 감았다.

"야호! 우리는 문수동 원정대야!"

원정대원은 준호와 나 둘뿐이었다. 그는 내가 놀 수 있는 유일한 친구였다. 친구에게 져 주자고 결심하자 가방을 들면서 생기는 속상한 마음이 한층 엷어졌다. 그런데 준호는 서울 네거리에서 본 빨간불, 즉 '멈춤'을 몰랐다. 그저 파란불, '가시오!'만 아는 것 같았다. 한 걸음을 내디디면 그다음 걸음이 기다리는 법이었다. 준호는 자기 집에서 해야 하는 잔심부름을 슬슬 내게 떠넘겼다.

언제부터인지 정확하게 기억나진 않지만, 그가 내 돈도 가져갔다. 빌려 달라고 했으나 한 번도 갚은 적이 없었다. 큰돈은 아니었다. 초등학생인 내게 큰돈이 있을 리 없었다. 엄마는 멀리 외국에 계셨고,

할머니가 매달 주는 용돈은 아주 적었다.

"초등학생이 무슨 용돈이야. 돈이 있으면 나쁜 길로 간다!"

할머니는 모든 걸 아꼈다. 물건이나 돈을 낭비하지 않았다. 내 눈엔 그랬다. 내가 뭘 사달라고 조를라치면 들려주는 이야기도 한결 같았다.

"사진에서 간디가 입은 옷 봤지?"

"알아요. 간디의 전 재산이 보통이 두 개라고요. 물레, 감옥에서 쓰던 그릇, 옷감 몇 벌이 다였다는 거요. 알았어요, 할머니."

나는 순순히 물러났다. 가훈이랄 것까진 없지만 할머니가 지키는 생활신조는 '고상한 정신, 소박한 생활'이었다. 그 말이 간디가 한 말인 것은 나중에 책을 읽고 알았다.

"할머닌 왜 그렇게 간디를 좋아해요?"

"예전에 할아버지가 좋아해서 나도 그렇게 되었어. 그는 존경할 만한 분이니까."

"할아버지는 왜요?"

"할아버지가 가장 존경하는 분이었어."

간디는 유명한 변호사였지만 3등 열차를 타고 다녔고, 무명 옷감을 허리 아래에 두르는 가난한 농민의 옷차림으로 전국을 누볐다. 그런 차림으로 번듯한 신사의 나라 영국에도 갔다. 그때 간디가 쌀쌀한 날씨에 영국 런던에서 몸에 두른 숄은 감옥에서 손수 물레를 돌려서 짠 것이었다. 영국은 독립운동을 했다고 그런 간디를 감옥으로 보냈다.

할아버지가 돌아가신 지 40년이 다 됐다. 경제적으로 어렵진 않아도 홀로 남은 할머니가 아끼고 절약하는 걸 이해할 만큼은 나도 철이 들었다. 가끔 동네 할아버지들이 아이스크림을 사 먹으라고 주머니에 찔러준 푼돈이 내 전 재산이었다. 그 돈이 하나씩 준호의 주머니로 이사를 갔다.

"주먹을 써서 얻는 건 생각보다 많지 않아."

"주목을 잘 쓰는 놈은 기껏해야 깡패나 될 거야."

어른들은 그렇게 말했지만, 우리들의 작은 세상에선 주먹의 힘이 컸다. 게다가 우리 세상은 준호 형과 나뿐이었다. 할머니와 준호의 부모는 우리의 세계를 몰랐다. 모두 다 우리가 형제처럼 잘 지낸다고 기특해 했다. 그런 말을 들으면 가슴이 찔렸다.

나는 준호를 거역하는 방법을 생각했다. 그와 주먹으로 싸울 수는 없었다. 꿈에서 준호에게 지고만 나는 엉엉 울었다. 주먹질은 잘 싸우는 준호가 이길 것이 뻔했다. 그것이 싸움의 법칙이었다. 그래서 그와 싸울 수는 없었다. '비폭력이 폭력을 이긴다'는 간디의 말은 아무리 이해하려 해도 이해가 가지 않았다. 난 다른 방법을 궁리했다.

"할머니, 태권도를 배우고 싶어요."

"갑자기 웬 태권도야?"

"그냥 몸을 튼튼하게 만들고 싶어요."

나이가 많아지면서 할머니의 총기는 줄어들었다. 예전 같으면 단박에 무언가 눈치챘을 할머니였다. 그러나 할머니는 초등학교 3학년인 나를 태권도 학원에 보내는 걸로 그 대화를 끝냈다.

나는 태권도를 몇 달 배우다가 관뒀다. 어느 날 책을 읽다가 간디의 말을 보고 나서였다. 솔직히 말하면, 태권도가 너무 재미없었다.

"모두들 '눈에는 눈' 방식으로 서로를 대한다면 이 세상엔 온통 앞을 못 보는 사람으로 가득할 것이다."

태권도를 배워서 준호와 싸움을 하고 싶지 않았다. 준호와 다른 나만의 힘을 믿고 싶어졌다. 준호는 나보다 그림을 못 그렸고, 노래도 소질이 없었다. 그보다 내가 잘하는 건 많았다. 나는 해 저무는 개울가에 나가 앉아서 좋은 방법을 궁리했다.

"준호 형, 나더러 가방을 들라고 하는 건 나쁜 행동이야."

그렇게 말하고는 준호의 나쁜 부탁을 따르지 않겠다고 말하고 싶었다. 어쩜 준호는 그것이 나쁜 줄도 모르고 나를 부려먹고 돈을 빼앗는 건지도 몰랐다.

물론, 나는 끝내 그 말을 준호에게 하지 못했다. 어른들에게 알리지도 못 했다. 난 겁쟁이였다. 할머니에게 진실을 말하는 건 쉽지 않았다. 할머니를 실망시킬 수는 없었다. 나는 진실을 말하는 것이 거짓말을 할 때보다 더 큰 용기가 필요하다는 걸 그때 알았다.

"경훈아, 여기 내 가방!"

나는 말없이 준호의 가방을 들었다. 나의 가방 심부름은 준호가 춘천에 있는 학교로 전학을 간 그해 가을까지 이어졌다. 준호가 떠나자 내 맘은 섭섭하면서도 시원했다.

문수동에서 준호가 했던 일이 전학 온 학교에서 다시 일어났다. 폭력은 정말 여러 얼굴이었다. 내가 그린 '별 헤는 밤'이 가작을 받자 반 아이들의 따돌림이 심해졌다. 어리바리한 전학생에 대한 기초적 따돌림에 '감히, 촌놈 주제에'라는 괘씸죄가 추가된 모양이었다.

"행동이 느려 터졌어!"

"쟤가 빠릿빠릿해도 꼴 보기 싫을걸. 크크!"

그런 말이 얼핏 들렸다. 나를 두고 하는 말인지는 알 수 없었다. 그래도 다행히 주먹을 쓰거나 대놓고 욕하는 아이는 없었다. 그냥 교묘히 나를 피했다. 내가 눈앞에 없는 것처럼 행동했다. 내 눈과 마주치거나 내 몸이 그들과 스치면 자기 몸이 더러워지는 것처럼 미리 피했다. 아이들은 화장실에 가려고 일어선 내게 재빨리 길을 터줬다. 그들에게 난 불가촉천민[5]과 비슷했다.

"에이, 못 볼 걸 봤어."

"아무개 안 본 눈 팔 사람?"

나를 본 아이들은 눈을 정화한다고 스프레이를 뿌리는 시늉까지 했다. 나는 문수동의 준호보다 그 애들이 무서웠다.

근데 다행인지 불행인지, 나는 그들이 모르는 장점을 가졌다. 할머니와 단둘이서 오래 살던 내가 혼자 노는 데 특급선수라는 점이었다. 따돌림을 받는다고 외롭진 않았다. 그저 슬펐다.

'이 또한 지나가리라.'

아이들이 나를 따돌릴 때 내게 위안이 되는 건 가느다란 희망이었다. 그건 아직 연두색이었다. 언젠가는 끝나겠지, 1학기도 곧 지나갈 것이라고 생각했다.

'아이들이 학기 초라서 그러는 걸 거야.'

콘크리트 건물만 내다보이는 교실에서 나는 문수동 집의 나무 향기를 그리워했다.

4

델리에 도착한 우리는 레드 포트[6]에 자리한 영국군 총사령부를 찾아갔다. 이름처럼 붉은색 사암의 성벽 안에 장엄한 왕궁을 숨긴 무굴제국의 레드포트는 이제 영국군의 총사령부로 변했다. 1857년 영국은 세포이 반란[7]을 진압하면서 왕궁 대부분을 파괴했다. 그 자리에 볼품없는 군대 막사들이 들어섰다.

멀리 야무나 강을 배경으로 남아 있는 대리석 왕궁은 무수한 상처를 입고도 여전히 장엄하고 고고한 모습이었다. 한때의 영광을 뒤로하고 굴욕의 시간을 견디는 왕궁의 운명이 덕수궁이나 창덕궁처럼 여겨졌다.

버마와의 국경 지대에 투입되어 특수 공작을 맡기 전에 우리는 총사령부에서 기초 훈련을 받을 예정이었다.

"어서 오시오. 잘해 봅시다."

"최선을 다하겠습니다."

곧바로 훈련이 시작됐다. 오전엔 영어 공부를 하고 오후엔 방송 기술을 익혔다. 일어 방송과 전단 작성도 배웠다. 일본어를 잘하고 일본군의 심리를 잘 안다고 뽑힌 우리의 임무는 전선에서 일본군을 상대로 심리전을 벌이는 것이었다. 독일을 상대로 효과를 거둔 영국군이 인도·버마 전선에서 일본군을 상대로 선전술을 펴기로 결정한 결과였다.

"안녕하세요? 세상은 넓고도 좁아요. 그렇죠?"

"정말 그렇군요. 잘 부탁합니다."

우리에게 영어를 가르치는 사람은 50대 후반의 윌리엄이었다. 미국인인 그는 충남 공주에서 30년간 선교사로 활동한 덕분에 우리말에 능숙했다. 영어 교사로는 안성맞춤이었다. 3년 전에 일본 당국이 그를 해외로 추방하자 일본을 거쳐 인도에 도착했다. 한국에서 그랬듯이 델리에서 멀지 않은 곳에 학교를 세운 그는 지금 인도 소년들에게 기술을 가르치는 중이었다.

"스스로 깨닫고 홀로 서는 데는 교육이 최고예요."

"교장 선생님이 애쓴 덕분에 인도는 곧 독립할 겁니다. 우리나라도 그렇고요."

"그래서 여러분이 여기 인도까지 온 것이지요."

혹자는 점잖은 사람을 영국 신사라고 부르지만 내가 보기엔 미국인인 윌리엄 목사야말로 진정한 신사였다. 그는 우리나라의 독립 운동을 여러 나라에 알리는 데도 앞장섰다. 윌리엄 부인은 학교에서 영어를 공부하는 우리가 입맛이 없어서 고생하자 양배추를 절여 간을 한 겉절이를 밥과 함께 내줘서 우리의 눈물을 빼앗았다.

"한국 사람은 김치를 먹어야 해요."

"집 생각이 납니다."

우리에겐 낯선 음식이 힘들었다. 아침부터 식당에서 먹는 질긴 소고기 스테이크는 훈련처럼 힘이 들었다. 그래도 우린 환경에 적응하려고 노력했다. 조국의 운명이 우리에게 걸려 있다고 서로를 격려했다.

총사령부가 있는 레드포트의 앞은 무굴제국의 종로통이었다. 그중에서도 코끼리를 타고 왕궁에서 나온 무굴 황제의 행차가 맞은편의 모스크로 향하던 수백 미터의 길이 중심가였다.

주말에 훈련이 없을 때 성문을 나선 우리는 '달빛 거리'라는 아름다운 이름의 찬드니 초크를 구경했다. 얼굴과 입성이 다른 사람들, 온갖 종류의 물건들이 눈을 사로잡았다.

"장교 나리들! 몸에 좋은 달걀과 우유가 있습니다!"

"물이요, 히말라야에서 어제 떠 온 찬물이에요!"

과일 장수, 달걀 장수, 우유 장수, 물장수들이 저마다 큰 소리로 제 물건을 사라고 우리를 보고 외쳤다.

400년이 넘었다는 시장은 활기가 넘쳤다. 세상의 모든 것, 모든 사람이 거기에 다 있는 듯했다. 여기서 전쟁은 먼 나라의 이야기였다. 그럼에도 넓고 오래된 거리에서 감기처럼 감출 수 없는 단 한 가지는 빈곤이었다. 담벼락에 기대앉은 앙상한 몸의 노인네부터 보는 사람마다 달려가 손을 벌리는 벌거숭이들까지, 여기저기 빈곤이 숨어서 거리를 기웃거렸다. 부티 나는 이도 더러 있었지만, 사람인지 짐승인지 구별이 어려운 웅크린 거지들도 많았다. 깨끗함과 더러움, 풍요와 빈곤, 영화로움과 굴욕이 형제처럼 친구처럼 껴안은 모양새였다.

"영국의 통치를 그렇게 오래 받고도 왜 인도는 가난해요?"

결국 문 동지가 반쯤 울분에 찬 목소리로 입을 열었다.

"영국이 본국으로 다 퍼 가서겠지요. 인도의 장래엔 관심이 없었으니까요. 전쟁이 난 지금은 더 하고요. 뭐 일제가 우리나라에서 하는 짓도 비슷하지만요."

"옷차림을 봐요. 제대로 입은 사람이 없어요."

"간디가 양복을 벗어 던진 이유가 그래서였어요. 가난한 사람의 옷차림으로 바꾼 거죠."

"우리 아이들이 굶는데 이런 상태를 만든 영국인을 존경할 수는 없다고 말했답니다."

"좋은 제국은 없나 봐요."

나는 주머니에 몰래 찔러 넣은 비스킷 봉지를 갓난아이를 안은 엄마에게 넘겼다. 여인은 여태껏 아무것도 먹지 못했다는 손짓을 하며 슬픈 표정을 지었다. 부대에선 거지에게 적선하지 말라고 지시했다. 가난 구제는 나라도 못한다는 것이 이유였다. 내 생각은 달랐다. 돈이든 먹을 것이든 줄 수 있을 때 주는 것이 최선이었다.

"살다 보면 운수 좋은 날이 있는 거죠."

문제는 운수 좋은 날이 드문 거였다. 전성기엔 수입 상품을 팔고 커피 하우스가 있었던 중심가, 영국이 신작로를 만들면서 많은 것이 바뀐 찬드니 초크의 운수 좋은 날이 언제일지 막막했다.

"자 여러분, 다시 안내를 시작하겠습니다. 이쪽으로……. 하하."

나티신이 설명을 시작하자 김 동지가 놀렸다.

"통역장교가 이젠 여행 길잡이가 되셨나요? 흐흐흐."

나는 그에게 엄지손가락을 척 들어 올렸다.

우리의 적응 훈련은 3개월가량 이어졌다. 윌리엄 교장의 열성 어린 가르침에도 내 영어는 생각보다 늘지 않았다. 송 동지는 총사령부에서 가장 일어·영어 번역을 잘하는 인물로 꼽혔다. 그도 그럴 것이 송 동지는 일본에서 3년간 공부한 유학파였다. 그는 방송 기술도 최상급이었다. 우린 마이크와 확성기, 앰프를 쓰는 방법도 배우고 익혔다.

"델리를 정복한 자가 인도를 정복한다는 말이 있대요."

"그 정복자들은 지금 다 죽었겠죠? 아, 영국인이 남았나요?"

영어와 씨름하다가 우리말로 대화를 나누니 살 것만 같았다. 인도와 영국, 둘을 보는 우리의 입장은 곤혹스러웠다. 가끔은 이 먼 타국에 있는 내가 무엇을 하는지도 혼란스러웠다. 그럴 때마다 옆의 동지들을 바라봤다. 우리, 우리라는 대명사가 큰 위안이 되었다.

델리의 기후는 참을 수 없이 더웠다. 일 년의 절반이 여름인 델리에서는 햇살이 퍼지기 전 이른 아침부터 더위가 찾아와 우리의 목을 졸랐다. 잠시 머물렀던 캘커타보다 기온이 몇 눈금은 높았다. 깊은 내륙이라서 습도가 낮은 것이 그나마 다행이었다.

인도에서 가장 괴로운 건 밤마다 잊지 않고 찾아오는 극성스런 모기떼였다. 모기가 일으키는 열대지방의 말라리아는 때로 치명적인 결과를 낳았다. 우린 내일은 없다는 듯이 살갗을 물어뜯는 모기들과 밤마다 전쟁 아닌 전쟁을 벌였다. 대원들의 얼굴은 독한 말라리아 예방약을 먹으면서 노래졌다. 노란 염료를 추출해서 개발한 말라리아 예방약의 부작용이 얼굴의 변색이었다.

"얼굴이 본래 노란색인데 뭐가 걱정인가요?"

인도인 군의관이 무심한 표정으로 동지들의 대표로 찾아간 내 질문에 응답했다. 그러곤 얼른 말을 이었다.

"갈색 피부를 가진 우리 인도인도 괜찮아요. 문제는 백인들인데요……."

그는 말을 계속할 듯 입을 오므리더니 눈을 찡긋하는 것으로 대신했다. 나는 마주 웃어야 하는지 판단이 서지 않아 그냥 의무실을 나왔다. 군의관의 말이 옳았다. 나쁜 것엔 다 장점이 하나씩은 있고, 실패에도 남는 교훈이 있게 마련이었다.

내가 인도에서 인상 깊게 본 점이 인도인의 그 허허실실이었다. 패배 속에 승리의 씨앗을 숨긴 형국이었다. 직위도 돈도 없고 신체적 조건도 불리한 간디가 남아프리카에서 지금까지 수십 년간 대영제국이 가장 두려워한 적수라는 사실도 그랬다.

"몇 달간 지켜보니 간디의 힘이 밖에서 듣던 것보다 훨씬 센데요."

"확실히 달라요."

델리의 거리에서도 지난해에 벌어진 반영 운동의 흔적이 많았다. 무성영화 〈모던타임스〉의 찰리 채플린처럼 흑백사진으로 유명한 간디의 사진이 곳곳에 붙어서 영국을 위협했다. 그는 지금 감옥에 갇혀 있으나 감옥 밖에 있을 때보다 강했다. 영국도 그걸 알았다.

"간디는 힘이 없지만 힘이 있죠."

이상한 말이지만, 사실이었다. 힘이 없지만 힘 있는 간디. 교통과 통신이 발달하지 않은 요즘에도 간디를 따르고 존경하는 이들이 방방곡곡에 퍼져 있었다. 그들은 민족운동의 이인자인 네루에서 시골의 무지렁이 농민들까지 다양했다. 그것이 영국이 두려워하는 간디의 힘이었다. 그는 사람의 마음을 움직였다.

1931년에도 그랬다. 간디는 맨발과 바싹 마른 종아리를 드러낸 채 런던의 버킹엄궁전을 방문하여 영국 왕의 화를 돋웠다.

"간디 씨, 바지는 안 입나요? 추울 텐데요."

"양말을 신으면 덜 추워요."

런던의 아이들은 쌀쌀한 날씨라서 간디의 건강을 걱정했다. 허나 보석과 비싼 옷으로 잔뜩 꾸민 영국 왕은 종아리를 드러내고 자신을 만난 간디의 옷차림을 무례하다고 못마땅해했다. 처칠은 그런 간디를 '벌거숭이 탁발승'이라고 깔보았다. 그 말을 전해 들은 간디는 유쾌하게 대응했다.

"뭔가로 몸을 감싸야겠네요. 물론 누가 그걸 채 가도 경찰엔 신고하지 않을 거고요."

아이들의 싸움에선 우는 쪽이 졌다고 여기지만, 간디와 영국 왕의 싸움에선 화를 낸 사람이 진 셈이었다. 왕과 처칠은 심리적으로 간디에게 졌다. 영국인에게 피와 땀을 요구하며 전쟁을 이끄는 처칠 수상이 간디가 죽기를 고대하는 것은 그만큼 수세에 몰렸다는 뜻이었다.

"정당하면 당당할 수 있어요."

간디의 말은 간단명료했다. 밖에서 전쟁을 치르는 영국은 간디와 또 다른 전쟁을 인도 안에서 벌였다. 군대가 없는 간디는 지금 감옥에서 물레만 돌리고 있는데도 그랬다. 놀라운 일이었다. 나는 시간이

날 때마다 간디에 대한 신문 기사를 꼼꼼하게 읽었다.

12월이 되었다. 동부 지방의 전선으로 떠날 날이 다가왔다. 우리들의 마음은 바빴다. 떠날 채비를 마친 우리는 윌리엄 목사의 가족과도 아쉬운 작별 인사를 나눴다.

"목사님, 안녕히 계세요! 다시 만나기를 바랍니다."

"여러분 모두 건투를 빌어요."

마지막 날엔 새로 건설된 수도로 나들이를 나갔다. 총사령부가 있는 무굴제국의 중심지 올드델리와 딴판인 뉴델리는 남쪽의 너른 벌판에 세워졌다. 영국은 새 수도를 인도의 로마로 만들려고, 영국의 힘을 과시하려고 있는 힘을 다 들였다. 웅장한 모습이었다.

"영국은 좋은 제국일까요?"

"글쎄요. 그래도 일본이란 나쁜 제국을 이기려면 우리에겐 영국이 필요하죠."

우리의 대화는 그렇게 이어졌다. 뉴델리는 구불구불한 길에 집과 건물이 다닥다닥 붙은 올드델리와 달리 도로가 넓었다. 큰 건물도 많았다. 이상하게도, 방사선 도로에 최고급 방갈로가 즐비한 뉴델리에서는 찬드니 초크의 생명력이 느껴지지 않았다.

우리 대원들은 델리를 떠나 15일에 캘커타로 되돌아갔다. 빼어난 실력으로 영국군의 주목을 받은 송 동지는 델리의 총사령부에 남았다.

"아이를 혼자 두고 오는 엄마의 마음이 이럴까요?"

"그래도 송 동지는 잘해낼 겁니다."

새로 생긴 전지선전대의 본부가 있는 시킴 왕국[8] 근처에 도착한 우리는 총책임자를 만났다. 그는 생각보다 젊었다. 우리보다 7개월 먼저 인도에 온 영국인 스펜서 대위였다.

"나는 스펜서 대위요. 여러분들 오느라고 고생했소."

스펜서 대위는 인도에 온 처음부터 전선의 심리전에 관심이 많았다고 말했다. 대형 확성기를 이용하여 대적 방송을 하거나 비행기와 박격포를 이용하여 적진에 전단을 살포하는 전술이었다. 적군의 심리를 교란하는 것이 목적이었다.

스펜서 대위는 영국의 명문대학 옥스퍼드에서 고전을 공부한 저널리스트였다. 이집트에서 특파원을 지냈고, 스페인 내전을 보도했으며 《게르니카의 나무》란 책으로 명성을 얻었다. 프랑스와 이탈리아에서도 생활한 스펜서는 음악과 방송, 글을 통해 적군을 설득하는 전술에 흥미를 느꼈다. 그가 생각하는 심리전은 총칼을 쓰지 않는 비폭력적인 방법이란 점에서 내가 관심을 가진 간디의 전략과 비슷했다. 흥미로웠다.

스펜서의 주도로 영국군 총사령부 산하에 '전지선전대'[9]가 만들어졌다. 비밀공작을 수행하는 부대라서 136부대라는 가명을 썼다.

전지선전대에 광복군이 합류한 것은 일어에 능통해서였다. 일본군과 대적하는 영국군은 일어를 잘하는 장교들이 필요했다. 우리 광복군 대원들은 그 점에서 최적의 조건을 갖추었다. 지난해 임무를 수행한 두 명의 광복군 선발대가 좋은 평을 받고 중국으로 귀환하자 나와 아홉 명의 동지들이 그 뒤를 이어 연합군에 합류한 것이었다.

전지선전대는 여러 팀으로 나뉘었다. 문 동지와 다른 동지들은 스펜서 대장을 따라 전쟁이 한창인 버마의 아라칸 지역으로 떠났다. 나는 최 동지, 이 동지와 함께 캘커타에 있는 방송국에서 적군을 상대로 일어 방송을 시작했다.

"더운 정글에서 고생하는 일본 병사 여러분, 헛된 꿈을 버리고 고향으로 돌아가시오."

일본군을 상대로 하는 일어 방송은 매일 일곱 차례씩 실시되었다. 그 사이사이에는 일본군에게서 노획한 문서를 영어로 번역했다. 전선에서 멀리 떨어진 후방이었지만, 하루에 열 시간씩 일하는 힘든 일정이 계속되었다.

다행히 밤에는 방송에서 놓여났다. 어느 날은 모처럼 휴가를 나온 군인들이 많이 찾는 초링기로 놀러 나갔다. 캘커타에서 가장 번화한 거리였다. 골목길로 접어들자 곧 전선으로 떠날 자, 전선에서 돌아온 자들이 평화로운 시간을 누리는 모습이 보였다.

"이쪽입니다. 이리로 오세요."

사람이 모이는 곳에 돈이 모였다. 초링기엔 여러 나라에서 온 연합군을 위로해 줄 모든 것이 자리했다. 극장과 술집이 있었고, 군인들이 신에게 기도할 수 있는 모스크와 교회가 있었다. 힌두 사원도 몇 군데 보였다. 내일을 알 수 없는 불안한 군인들을 유혹하는 여자들, 동냥 그릇을 손에 든 거지 애들까지 초링기는 밤새 시끄러웠다.

"우리 술집에서 놀다 가세요!"

"배고파요, 먹을 걸 좀 주세요!"

지옥과 천국이 거기에 모여 있었다. 슬픔과 기쁨이 모인 도시, 그곳이 캘커타였다. 미국, 영국, 캐나다, 오스트레일리아, 아일랜드, 중국에서 온 군인들과 우리 광복군까지, 이국의 젊은이들이 자유를 위해 그곳으로 모여들었다. 영국군의 장교 대우를 받는 나와 동지들은 영국군 장교 클럽에서 위스키를 한 잔씩 마셨다.

"가자, 델리로!"

"피가 피를 부른다!"

"인도가 우릴 부른다!"

2월, 동남아와 버마를 파죽지세로 점령한 일본군이 친드윈 강을 넘어 인도로 진격했다. 이제 인도가 전쟁 당사국이 되었다. 버마로 출정했던 영국군은 일본군에 밀려서 아라칸에서 후퇴하기 시작했다. 스펜서 대위와 함께 이동한 전지선전대의 동지들은 아라칸에서 군함을 타고 캘커타의 하우라 항으로 돌아왔다.

전세는 아군에게 불리했다. 우리 대원에겐 국경 지대의 임팔[10]로 떠나라는 명령이 떨어졌다. 우리는 장비를 챙기고 가슴을 여몄다.

[1] 예전에 영국령 인도의 수도였는데 지금은 이름이 '콜카타'로 바뀌었다. 현재 서벵골 주의 수도인 캘커타는 갠지스 강의 지류 후글리 강가에 있다.

[2] 현재 인도연방의 수도인 델리는 상공업과 정치의 중심지다. 무굴제국의 수도였던 올드델리, 영국이 식민지 시대에 세운 뉴델리 등 여러 행정 구역으로 구성된다.

[3] 현재 히마찰프라데시의 주도로 히말라야 자락에 있다. 영국이 통치할 때 여름철에는 캘커타의 더위를 피해 임시 수도로 이용되었다.

[4] 미얀마의 예전 이름.

[5] 인도 카스트제도 밖에 있는 최하층 계급으로 '접촉하면 부정을 타는 천민'을 의미한다. 고대부터 오랫동안 사회적 차별을 받았던 불가촉천민은 간디의 운동 덕분에 독립한 뒤에 정부의 보호와 특혜를 받게 되었다. 덕분에 공공기관, 각 교육기관의 학생과 교직의 일정한 비율을 할당받은 일부 사람들은 의원직과 장관직에 오르고 교사와 은행원이 되었다. 인구의 약 20%를 차지하는 이들이 민주사회에서 자신에게 유리한 정당을 지지하며 힘을 과시하는 경우도 있다. 하지만 여전히 이들에 대한 차별과 억압이 계속되고 있는 지역이 많다.

[6] 무굴제국의 수도에 세워진 붉은색 사암으로 만든 황궁인데 영국이 군 주둔지로 사용하면서 '붉은 성'을 뜻하는 '레드 포트(Red Fort)'로 불렀다.

[7] 1857년에 일어난 '세포이 반란'은 인도인 용병, 즉 세포이들이 중심이 된 반영(反英) 투쟁이었다. 많은 인도인이 이에 동조하였기 때문에 이를 최초의 독립전쟁이라고도 부른다.

[8] 네팔 동쪽에 있던 히말라야의 작은 왕국으로 1975년에 인도에 병합되었다.

[9] 전쟁터에서 선전 활동을 위해 만든 집단.

[10] 현재 인도 마니푸르 주의 수도로 1944년 일본군과 연합군 사이에 대전투가 여기서 벌어졌다.

2

연두색에서 녹색으로

1

난 여전히 수줍음 많고 말수가 적은 시골 출신의 전학생이었다. 나는 생각을 먼저 하고 나중에 말하는 편이었다. 할머니가 그렇게 키웠다.

"어떻게 생각하는지 알고 있으면 선생이 필요 없어."

할머니는 어떤 문제에 의문을 갖고 거기에 대한 답을 찾는 것이 교육이라고 믿었다. 그래서 도시에서 좋은 학교에 다니는 걸 높이 치지 않았다. 우리나라에서 좋은 학교란 경쟁에서 이기는 사람을 잘 길러내는 곳이라고 할머니는 생각했다. 엄마의 반대를 무릅쓰고 날 시골에서 놓아 기른 이유가 거기에 있었다.

행동이 빠른 우리 반 친구들은 내 성격을 답답해했다. 감수성이 예민한 나는 예술가를 꿈꾸었다. 순발력이 필요한 운동선수는 바라지도 않았다. 그래도 아이들은 나에게 빠름을 요구했다.

느린 내가 답답하다는 학생들은 내가 1년을 다닌 시골의 근화중

학교에도 있었다. 그들은 내성적인 나의 성격이 짜증 난다고 트집 잡았다.

"야, 애늙은이! 대답 좀 빨리해."

"널 보면 속 터져!"

"왕짜증!"

대답이 늦다는 것, 움직임이 굼뜨다는 것이 욕먹을 일은 아니었다. 누구를 다치게 하거나 해롭게 하지 않는데도 나는 나무람과 야유를 들었다. 시골에서도 새로운 학교에서도 마찬가지였다.

생각해 보면, 빨리 말하고 빨리 행동하는 아이가 얻는 것이나 느린 내가 갖는 것이 우리들의 작은 세상에선 큰 차이가 없었다. 우리는 달리기 선수가 아니었다. 허나 다름을 받아들이지 못하는 아이들은 '짜증 나'란 말을 내게 자주 썼다. 문제는 다름을 참아 줄 마음의 여유가 없는 그들에게 있지만, 모든 눈치는 내가 다 받았다.

여기 새로운 학교에서 나를 따돌리는 주동자도 그냥 나를 싫어했다. 반에서 노는 애들로 불리는 그들이 미워할 만한 큰 이유가 내겐 없었다. 나는 주먹질도 못 하고 공부도 잘하지 못했으며 잘난 척도 하지 않았다.

산양 한 마리가 개울물을 마시고 있었다. 그때 얼마 떨어지지 않은 위쪽에서 물을 마시던 호랑이가 산양을 보고 소리를 질렀다.

"야, 너! 왜 내가 먹는 개울물을 흐리는 거야?"

"제가 아래쪽에 있는데 어떻게 윗물을 흐려요?"

"어제 그랬잖아, 이놈아?"

"어젠 저 여기에 없었는데요."

"네 어미가 그랬겠지."

"울 엄마는 죽은 지 오래됐어요."

"그렇다면, 네 아비가 그랬구먼."

"전 아버지가 없어요."

"상관없어. 네 아비가 아니면 네 할아비나 증조할아비가 그랬을 거야! 정글의 왕인 내가 먹을 물을 흐렸으니 널 잡아먹을 수밖에 없어. 어흥!"

호랑이는 으르렁거리며 산양에게 덤벼들었다.

할머니가 들려준 동물우화처럼 따돌림의 기준은 호랑이의 마음이었다. 따돌림을 주도하는 급우들이 진짜 호랑이가 아닐지도 모른다는 생각이 들기도 했지만, 어쨌든 그들은 다수였다. 다수의 힘을 믿고 무리를 이뤄 설치는 아이들의 내면은 본래 약하게 마련이었다.

그래도 내가 할 수 있는 건 많지 않았다. 급우를 따돌리는 아이들은 여럿이 무리를 이뤄 약한 애들만 골라서 괴롭혔다. 그들 중 한 명이 나였다.

우리 반에서 따돌림을 당하는 아이가 또 있었다. 혼자 밥을 먹고, 혼자 오가는 명한이었다. 그는 체육 시간에 2인 1조로 운동할 때나 조별 활동을 수행할 때도 늘 혼자였다. 명한이를 끼어 주는 아이들은 없었다. 그는 묵묵히 따돌림을 견뎠다. 아니 잘 견디는 것처럼 보였다.

"걔는 거짓말의 달인이야!"

"허언증 말기야!"

"허세 작렬!"

아이들이 복도에서 명한이의 흉을 봤다. 내 보기엔 그가 그다지 나쁜 아이 같진 않았다. 명한이에 대한 따돌림은 나에 대한 은근한 따돌림, 이른바 '은따'보다 노골적이었다. 아이들은 쉬는 시간에 떼를 지어 그 애의 책상을 둘러쌌다. 누군가는 책상을 주먹으로 치고 누군가는 수건으로 그의 목덜미를 툭툭 때렸다. 명한이는 아무런 대꾸 없이 머리를 두 손으로 감싸 안고 책상 위에 엎드렸다.

"말을 해 봐. 야, 허세 왕!"

"너희 집이 그렇게 잘산다며?"

아이들이 꼽는 명한이의 죄목은 거짓말이 많다는 거였다. 나는 말이 없어서, 그는 말이 많아서 괴롭힘을 당했다. 명한이는 자기 집이 타워팰리스라는 둥, 집에 BMW가 있다는 둥 허세를 부렸다는 죄목이 붙었다. 그것이 거짓말인지 속사정을 아는 사람은 없었다. 그렇다고 은따인 내가 명한이에게 다가갈 순 없었다. 왕따를 당하는 아이들끼리 친해지는 건 위험했다. 홀로 놀아야 하는 아이들이 서로 가까워지면 유유상종, 끼리끼리 논다고 더 큰 따돌림이 가해졌다.

"살아남은 자가 강자야. 잘 견디자."

나는 명한이에게 말해 주고 싶었다. 가끔 연민의 눈으로 슬쩍 그를 바라보기도 했다. 그뿐이었다.

'폭력 없는 행복학교!'

경찰서 앞을 지나서 수학 학원으로 가는데 이런 안내판이 눈에 들어왔다. 폭력 없는 세상이 곧 행복한 세상은 아니었다. 아직 열여섯 살인 나도 세상이 그렇게 단순하지 않다는 걸 알았다.

학교 폭력의 문제는 경계가 불분명한 데 있었다. 폭력인지 아닌지의 구분이 모호했다.

"친한 표시로 그랬어요."

"골탕 먹일 생각은 아니었어요."

주먹질을 하고도 금세라도 눈물을 뚝뚝 떨어트릴 듯이 반성하는 아이들, 우리들의 세계에서 영웅과 악당은 종이 한 장 차이였다. 사랑과 미움도 마찬가지였다. 어제의 친구가 오늘은 가해자였다.

학교 폭력을 저지르는 아이들이 우락부락하거나 흉악한 것도 아니었다. 말끔한 얼굴, 단정한 옷차림, 상냥한 말투로 얼마든지 친구들을 괴롭혔다. 사실은 그런 애들이 더 무서웠다.

우리 반에서 따돌림을 주도하는 아이들 중에는 한때 공부를 잘했다는 민수가 속해 있었다. 1학년까지 반에서 1, 2등을 놓치지 않던 그는 컴퓨터게임에 빠져서 성적이 크게 떨어졌다. 걱정이 된 부모는 민수가 공부를 하는지 안 하는지 매일 밤 감시했다. 그런 부모에 대한 반항심에서 공부를 내동댕이친 그의 성적은 더 나빠졌다.

풍선을 세게 누르면 터지게 마련이었다. 민수가 받는 압박이 다른 학생을 압박하는 데로 돌려졌다. 선생님들은 아직도 민수를 모범생으로 알고 있으나 두 얼굴을 가진 그는 명한이에게 가장 모질었다.

폭력 교실에는 수많은 엑스트라가 있었다. 주동하는 학생의 은근한 협박에 못 이겨 선생님이 오는지 망을 봐주거나 폭력이 이뤄지는 바로 옆에서 말없이 도와준 애들은 평범했다. 나서지 않고 지켜만 보는 방관자도 많았다. 따돌림을 당할까 봐 두려운 그들은 모두 가해자와 한편이었다.

"공부를 못해? 내 그럴 줄 알았어."

"재 촌에서 왔잖아!"

급우들이 내게 경계심을 푸는 일이 생겼다. 내가 공부를 잘하지 못한다는 사실이 중간고사로 밝혀졌다. 내 성적은 중간에서 뒤쪽으로 좀 밀렸다. 타인의 불행이 자기의 행복이 된 중상위 급우들은 그걸 위안으로 삼았다.

엄마는 크게 서운해했지만 정작 난 아무렇지도 않았다.

"세상엔 명령을 내리는 사람과 명령을 받는 두 종류의 사람이 있어. 넌 어느 쪽이 될래?"

엄마의 말과 달리 학교엔 공부 잘하는 학생과 공부를 잘하지 못하는 학생, 두 종류만 있진 않았다. 그 둘 사이에는 다른 재능과 취미를 가진 여러 아이들이 있었다. 반 아이들을 자주 웃겨서 인기 최고인 병후, 운동이라면 신이 나는 선규는 공부와는 담을 쌓은 아이들이었다.

"걔네 아빠가 차갑게 식은 삶은 달걀을 먹으면서 그랬대. '이거 찬물에 삶았어?'라고. 웃기지?"

그런 식이었다. 개그맨이 되겠다는 병후는 우스운 이야기를 곧잘 했다. 반 애들은 그를 좋아했다. 난 웃기는 데 소질이 없었다. 말도 재밌게 하지 못했다. 그렇다고 애들이 나를 따돌리는 건 옳지 않았다.

나는 경쟁 사회에 맞지 않게 키워진 아이였다. 학교 공부보다 다른 걸 좋아했고, 다른 걸 잘했다. 나는 우리나라 꽃과 풀 수백 가지를 구분했고, 밤하늘의 사계절 별자리를 다 알았다. 봄과 여름의 미묘한 엇갈림, 가을과 겨울 사이의 쓸쓸한 바람의 차이도 꿰뚫었다. 그런 것들은 내 또래 아이들이 모르는 나의 자산이었다. 물론 어른들은 그런 것에 큰 의미를 두지 않았다.

"뉴턴이 마당이 아니라 집 안에서 공부만 했다면 사과가 떨어지는 걸 못 봤을 거야. 만유인력의 법칙도 발견하지 못했겠지. 그러니 노는 게 나쁘진 않단다."

할머니는 이상한 논리를 폈다. 엄마는 그런 할머니의 말을 들으면 한숨을 내쉬었다.

시골에서 혼자 오래 있어서인지 나는 수줍음과 겁이 많았다. 수줍은 성격이 나쁜 것은 아니었다. 부끄러워서 말수가 적은 대신 생각이 많아졌다. 할머니는 공부보다 다른 걸 배우도록 이끌었다. 덕분에 나는 책을 읽는 것과 노래 부르는 걸 좋아했고, 그림도 곧잘 그렸다. 근데 서울에서는 그것이 큰 밑천이 아니었다.

"엄마는 학교 성적만 중요하죠?"

학교에서만 성적을 중요하게 여기는 게 아니었다. 함께 살게 된 엄마는 나의 학교 성적에 목을 맸다. 서울에는 공부 잘하는 엄마 친구의 아들이 너무 많았다. 스무 명 남짓한 시골 분교에서 놀며 말며 지내던 내게 엄마의 성적에 대한 과한 집착은 교실에서의 따돌림만큼이나 참기 힘들었다. 어머니의 사랑이 폭력처럼 여겨질 때도 종종 있었다.

"다 널 위해서야. 잘되면 네가 좋지, 내가 좋겠냐? 넌 생각이 너무 많아. 딴생각은 말고 어떻게 하면 공부를 잘할까만 생각해."

"엄마, 공부를 잘하지 않아도, 좋은 대학을 나오지 않아도 행복한 세상은 없을까요?"

"그런 세상은 없어. 요샌 눈에 불을 켜고 공부해도 살기 어려워."

엄마는 혼잣말을 하듯 낮은 목소리로 말을 이었다.

"가난하면 행복할 수가 없고, 공부 못한 사람이 출세할 수도 없는 세상이야. 적어도 우리나라에선 그래!"

"엄마, 아무리 노력해도 안 될 거라면 노력하지 않고 그냥 편히 살면 안 돼요?"

"뭔 아이가 꿈이 없어!"

유학까지 다녀온 많이 배운 엄마도 자기 아들에 대해서는 극성스런 다른 엄마들과 별반 다르지 않았다.

엄마는 경쟁적인 성격이었다. 할머니는 그런 엄마를 걱정했다.

"가슴에 불이 들었어."

엄마는 지는 걸 싫어했으나 사회에서 여러 번 패하고 낙담하는 과정을 거치자 나에 대한 기대치를 한껏 높였다. 내가 엄마에게 바라는 건 뭘 해도 "잘했어."라는 말 한마디였다. 근데 엄마는 내게 많은 걸 바랐다. 나를 위한다면서 나보다 자신을 더 생각하는 엄마가 섭섭했다.

"우리는 별의 품속에 다다를 수 있지만, 사람의 마음속엔 들어가지 못하네."

나는 이크발[11] 시인의 글을 큰 소리로 읽었다. 어른들은 우주에

탐사선을 보내면서도 바로 옆에 있는 자식의 마음을 헤아리지 못했다. 우리 엄마가 그랬다.

"내 속에서 나왔는데 어쩜 이렇게 내 맘을 몰라주는지……."

아이들이 엄마 배 속으로 다시 들어갈 순 없었다. 내가 마당에서 공을 차고 백구와 뛰놀던 행복한 어린 시절로 돌아갈 수 없다는 것도 잘 알았다. 앞으로 나가야만 한다면, 나는 모두 다 똑같이 생각하고 모두 다 행복한 그런 세상으로 가고 싶진 않았다.

엄마의 사랑이 폭력과 종이 한 장 차이라고 느껴지기 시작했다.

2

"아시아는 아시아인의 손에!"

"피가 피를 부른다. 일어서자!"

동남아와 버마에서 연전연승을 거둬 사기가 치솟은 일본군 3개 사단이 국경을 넘어서 인도로 진격했다. 싱가포르 등지에서 일본군에게 항복한 인도 군인들이 가담하여 세를 불린 인도 국민군 1개 사단도 고향 앞으로 출발했다.

"델리로 가자!"

"짤로, 델리!(가자, 델리로!)"

인도 국민군은 간디와 사이가 멀어진 벵골 출신의 독립운동가 보세가 해외로 망명하여 조직한 군대로 일본군의 지원을 받았다. 인도 국민군과 일본군은 인도에서 영국을 몰아낸다는 공동의 목표를 갖고 있었다.

'보세가 일본군을 인도로 부른 걸 용서하지 않겠다. 그건 질병보다 나쁜 치료법이다.'

간디는 영국을 쫓아내려고 또 다른 외세 일본에게 의지하는 보세를 비판하는 글을 잡지에 적었다. 보세는 먼저 유럽에서 연합군과 싸우는 히틀러에게 손을 내밀었다가 거절당했다. 벵골 지방 출신인 보세는 자기만의 방식으로 영국을 내쫓고 싶어서 일본을 찾아가 협력을 제안했다.

"내가 인도를 점령하면 내 고향 벵골 지방에 10만 톤의 쌀을 제공할 것이다."

보세는 수백만 명이 굶어 죽고 배를 주리는 고향 사람을 의식하여 그렇게 선언했다. 고향에는 그의 진군을 지지하는 사람이 많았다.

"가자, 인도로!"

보세는 인도 국민군을 이끌고 일본군과 함께 인도로 진격했다. 영국군의 지휘를 받는 인도 군인과 인도 국민군의 인도 군인이 맞총질을 하게 되었다.

"인도인끼리 싸우면 어차피 승자는 인도인이야."

"비극이자 희극이네. 패자도 인도인이거든."

버마·인도의 국경 지대엔 해발 3천 미터의 아라칸산맥이 솟아 있었다. 높은 산등성이, 깊은 계곡, 울창한 정글을 품은 그 산악 지대를 지나가는 건 쉽지 않았다. 차량의 통행이 어려워 비영장류의 도움을 받아야 했다. 식량과 보급품을 실은 서른 마리의 소, 천 마리의 코끼리, 천 마리의 말이 줄을 지었다. 나중에 군인들의 식량이 될 수천 마리의 염소들도 그 뒤를 따랐다.

일본군과 보세의 인도 국민군은 인도·버마를 가르는 친드윈 강에 도착했다. 콧수염과 처진 눈이 특징인 일본군 제5 군사령관 무타구치는 친드윈 강에 12만 명의 군인을 배치했다. 이제 강을 건너면 인도였다.

"여기서 델리는 멀지 않다!"

"가자, 델리까지! 인도는 일본의 것이다."

무타구치는 너비 1킬로미터인 그 강을 건너 진군하면 일주일 만에 치타콩[12]에 이를 것이고, 3개월이면 수도 델리를 점령할 수 있다고 자신했다. 그는 1937년 중국에서 노구교 사건[13]을 일으킨 장본인이었다. 그는 뼛속까지 군인이라고 알려졌다.

"우린 작전상 인도로 후퇴함!"

전진하는 일본이 있으면 후퇴하는 영국군도 있었다. 버마 원정에 나섰던 영국군 14군과 인도군 17사단이 일본군에 밀려 인도로 후퇴하기 시작했다.

아라칸 계곡을 빠져나온 일본군이 영국군 4군단 본부가 있는 임팔로 밀고 올라가는 길목에 자리한 비센푸르는 임팔에서 20킬로미터 떨어진 곳에 있었다. 티딤을 지나온 일본군 15사단장 야마모토는

천연의 요새인 비센푸르를 잡으면 임팔을 쉽게 장악할 수 있다고 판단했다. 비센푸르에서는 한동안 일본군과 영국군 간의 격전이 이어졌다.

캘커타에 남거나 다른 부대로 배속된 대원을 뺀 우리 일곱 명의 동지들은 하우라 역에서 기차를 탔다. 철도의 종착역인 디마푸르에서 차량으로 영국 4군단이 자리한 임팔로 이동하기 위해서였다. 통역관이자 연락장교인 나티신 대위도 함께였다. 날씨가 덥고 모든 것이 낯설어서 현지 적응이 어려운 우리 대원들에게 나티신은 고마운 존재였다.

임팔은 오랜 전통을 가진 마니푸르 왕국의 수도였다. 수도 델리의 무굴 왕궁처럼 마니푸르의 독특한 아름다움을 가진 목조 왕궁은 영국군이 차지하고 있었다.

우리 전지선전대는 영국군에게 소속되었다. 군단 본부에 신고를 마친 전지선전 대장 스펜서 대위는 긴장한 우리 대원을 향해 셰익스피어의 《베니스의 상인》에 나오는 구절을 들려줬다.

"마음속에 음악이 없는 사람, 아름다운 멜로디를 듣고도 감동이 없는 사람, 그런 사람을 믿지 말라."

그 구절에서 대장의 심정이 드러났다. 그는 감동을 잘하는 적군, 그런 사람을 노렸다. 우리 선전대의 방송을 듣거나 우리가 만든 전단을 읽고 감동한 일본군이 무기를 버리고 귀순하길 바랐다. 감동을 모르는 사람이 배신한다는 셰익스피어의 뜻과 달리 대장은 우리의 말과 글에 감동한 적군이 일본을 배신할 거라고 기대했다. 우리 전지 선전대의 목표는 일본군의 사기를 떨어트려 아군을 유리하게 만들고 나아가 전쟁을 끝내는 것이었다.

그건 일본군도 마찬가지였다. 티딤로드로 전진하는 일본군을 상대로 작전을 나간 나와 두 명의 인도인 선전 대원은 일본군이 쏜 포탄에서 쏟아진 하얀 전단이 녹색의 정글 위로 눈발처럼 날리는 걸 지켜봤다. 전단에는 인도 군인을 회유하고 항복하라고 유혹하는 내용이 많았다.

'우리 일본군은 인도를 도와주려고 왔다! 왜 우리와 싸우려는가? 총부리를 영국인에게 돌려라!'

'인도처럼 큰 나라가 어찌하여 영국과 같이 작은 나라의 종이 되었는가? 인도 군인들은 너희들의 나라, 인도를 위해 싸워야 한다.'

일본군이 뿌린 전단에는 큰 덩치의 코끼리 등에 생쥐가 올라탄 그림이 보였다. 생쥐의 꼬리에는 영국 국기가 매달리고, 코끼리의 앞발 하나는 기둥에 매인 모습이었다. 영국의 지배를 받는 인도, 작은 생쥐인 영국이 코끼리 같은 인도를 지배한다고 인도 군인을 선동하는 내용이었다.

'영국은 너희를 이용한다! 너의 모국을 노예로 만들고 너희들을 아시아의 국가인 일본과 싸우게 만들었다.'

‘이제 인도를 위해 싸워라! 모국 인도를 위해 싸워라!’

사실 인도 군인은 영국 군인과 다른 대우를 받았다. 아주 오래 전에 뿌리내린 인종차별의 연속이었다. 인도 군인은 제 목숨을 내놓은 전쟁터에서 신식 무기를 쓸 수가 없었다. 인도와 간디 얘기만 나오면 흥분하는 영국 수상 처칠은 인도인에게 현대적인 무기를 쥐어 주는 것은 프랑켄슈타인을 만드는 것이라고 반대했다.

‘영국은 인도의 적이다 그들을 쫓아내라. 인도인들이여!’

‘정신을 차려라, 너희들이 일본군과 싸워서 얻는 것이 무엇이더냐?’

약아빠진 일본군 선전대는 인도 군인이 가진 이 미묘한 심정을 한껏 활용했다. 어떤 전단에는 영국인은 배불리 먹는데 그 앞에서 굶주려 죽은 인도인들의 시체를 그린 그림이 담겼다. 그 옆엔 ‘인도인의 피를 빨아먹는 영국인은 다 죽여라!’라는 글이 적혀 있었다. 그와 비슷한 일본군의 전단이 하루에도 수십 번씩 인도군을 향해 뿌려졌다.

“일본의 논리가 교묘하죠?”

“일본군의 선전술이 좋은 건 사실이에요.”

136부대로 불리는 우리 전지선전대에는 일어에 능통한 우리 광복군만 있는 건 아니었다. 타밀어, 펀자브어, 마라티어, 벵골어, 우르두어 등 17개의 다양한 인도 언어를 쓰는 인도인 대원들이 많았다. 힌두교, 이슬람교, 시크교[14]를 믿는 대원들도 뽑혔다. 그 언어로 번역과 방송을 담당하고, 대본을 쓰고 수정하는 장교들이었다. 그들은 인도 국민군을 상대로 활동을 폈다.

"뭐, 현재로선 영국인이 주인이고 우리는 종이죠. 지금의 나는 영국군에 속한 군인이니까 군인으로서 최선을 다해야 합니다."

갠지스 강이 지나가는 알라하바드라는 큰 도시에서 왔다는 샤르마 대원은 영국과 인도의 관계를 무덤덤하게 설명했다. 간디의 책을 읽고 감동을 받았던 그는 일본이 인도를 침입한다는 소식을 듣고 서둘러 입대했다. 샤르마는 반듯한 생활을 하는 것으로 우리 부대에서 유명했다.

"간디는 권리를 주장하려면 의무를 다해야 한다고 했어요. 지금의 우린 영국의 지배를 받고 있으니 우선 위험에 빠진 영국을 돕는 거죠."

"나를 미워하는 사람을 사랑하는 것이 진정한 비폭력이라는 간디의 말이 맘에 와 닿았어요. '누가 물 한 잔을 줬을 때 물 한 잔을 되돌려주는 건 아무것도 아니다.'라고요. 진짜 인간의 아름다움은 나에게 악을 행한 이에게 선을 돌려주는 것이죠! 영국이 미워도 어려울 때는 도와야지요."

인도인 대원들은 말을 잘했고, 논리적이었다. 종교와 고향은 달라도 모두 간디를 좋아했고 그를 믿는 것도 인상적이었다. 얼마 전에 간디의 부인이 감옥에서 숨졌다는 소식을 듣고는 모두 눈물을 훔쳐서 나도 그날 덩달아 우울해졌다.

"부인은 간디가 손수 짠 옷감을 입혀서 화장해 달라고 유언했답니다."

샤르마 중위는 죄수인 간디가 감옥 마당에서 눈물을 글썽이며 아내의 화장 의식을 지켜봤다는 말을 보탰다.

그 말을 듣는데 다시 한 생각이 머리를 스쳤다. 적군의 마음을 움직이는 우리 선전대의 활동이 간디의 비폭력운동을 닮았다는 생각이었다.

"자, 자. 분위기를 바꿔 봅시다!"

"한 사내가 부부싸움을 했대요. 친구가 누가 이겼냐고 물었더니 마누라가 먼저 무릎을 꿇었다는 거예요. 근데 알고 보니 침대 밑으로 피한 남편에게 아내가 빨리 나오라고 말하려고 무릎을 꿇은 거였죠. 어때요, 재밌나요?"

"침대가 나오는 걸 보니 서양 유머군요. 남편이 졌으면서 큰소리 친 거네요. 하하."

"때로는 헛소리도 필요합니다."

"뭐 우리가 만든 선전물도 진실만 말하진 않지요, 흐흐흐."

"헛소리는 일본군이 만 배는 더하는데요, 뭘."

전쟁터의 군인들이 늘 당당하고 용감한 건 아니었다. 죽음이 사방에 숨어서 호시탐탐 군인들의 목숨을 노렸다. 죽음에 대한 공포가 죽음보다 더 무서웠다. 군인들은 외롭고 힘들었고 무서웠다. 그 빈틈, 적군의 상처 입은 영혼을 노리고 공격하는 것이 선전대, 비밀공작대의 일이었다.

'호랑이가 되고픈 사슴은 결국 죽고 말 것이다!'

'왜 일본의 본집에 있지 않고 여기 멀리 와 있는가? 어머니가 집에서 기다린다! 고향으로 돌아가라!'

우리 선전대는 적군의 몸에 총을 쏘진 않지만 그들의 정신을 한 장의 얇은 종이, 말 한마디의 방송으로 공격했다. 3월에만 40만 장의 전단이 박격포에 실려 일본군의 진영으로 날아갔다.

전단에는 일본군 병사의 향수를 자극하는 문구를 넣었다. 일본 가요가 나오는 라디오방송을 앰프에 연결해 호른처럼 생긴 두 개의 대형 확성기로 적군을 향해 내보내기도 했다. 폭력이 춤추는 전쟁터에서 우리는 그렇게 비폭력적으로 일본군과 맞서 싸웠다.

이제껏 천하무적을 자랑해 온 일본군은 선전술에도 뛰어났다. 연합군에게 '도쿄 장미'라고 불리는 여성의 영어 라디오방송은 일본군의 성공적인 심리전의 하나였다. 도쿄 장미는 달콤하고 부드러운 목소리로 전쟁에 지친 남자 군인들의 사기에 큰 영향을 끼쳤다.

"영국군 여러분, 오늘처럼 좋은 날씨에 이 고생이 웬 말인가요? 우리 일본군 병사들이 여러분들을 노리고 있답니다. 여기서 허무하게 목숨을 버리실래요?"

많은 연합군이 그 목소리에 마음이 움직였다. 전쟁에 지친 여러 명의 군인들은 일본군에게 넘어갔다.

연합군은 이에 대응할 조직이 필요하다고 판단했다. 이미 히틀러와 싸우는 유럽에서 효과를 거둔 작전을 시작했다. 1943년 초 영국군이 버마의 아라칸작전에서 시도한 첫 심리전이 좋은 평가를 받았다. 그 작전에는 일어가 능통한 광복군 두 명이 협조했다. 곧 136군으로 위장한 특수 공작대가 조직되었고, 일본어를 잘하는 대원이 필요했다. 영국군의 요청으로 일본어와 일본인을 잘 아는 나와 아홉 명의 광복군 동지들이 지난 8월 말에 인도에 파견되었다.

인도·버마 전선에서는 대형 확성기를 통한 선무 방송보다 전단 살포가 위력적이었다. 그건 지형과 관련이 있었다. 높낮이가 심한 가파른 산악 지대라서 방송 장비를 이동하기가 어려웠고, 다른 부대와 연락하는 일이 쉽지 않아서였다. 무전기도 잘 터지지 않았다. 짙고 푸른 정글인 산악 지대에서 적의 품으로 곧바로 날아가는 전단은 아주 효과적이었다. 이동 등사기를 갖고 다니는 우리는 즉석에서 현장 상황에 맞게 전단을 만들어 적의 진영에 날려 보냈다.

'일본군은 이미 지고 있다! 무기를 버리고 투항하라!'

우리들의 선전과는 달리 임팔 전선에서는 영국군이 일본군에게 밀리는 중이었다.

"전쟁터는 깊은 강물과 같아요. 거기서 헤엄치지 못하면 죽는 거죠!"

살기 위해, 더 잘 살아남기 위해 우리 전지선전대는 힘이 없어도 힘이 많은 척했다.

"거짓말도 열 번을 들으면 진실처럼 여겨집니다."

계곡과 벼랑을 뚫고 인도로 진격하는 일본군은 진실처럼 강했다. 천황 숭배와 무사도로 정신이 무장된 그들이 줄곧 연합군을 위협하며 전진했다. 우리 대원들은 그런 적군의 정신 무장을 해이하게 만들어야 했다.

"떠오르는 태양은 지기 시작했다. 귀순하라!"

"일본은 곧 망할 것이다!"

일본군은 아군보다 우세했다. 정글에서 몸을 감추는 위장술에 뛰어났고, 빽빽한 숲을 헤치고 아군 속으로 침투하는 능력도 좋았다. 밤에 덤불에 숨어 있다가 아군에게 수류탄을 던져 놓고 도망가는 방법도 자주 썼다. 앞이 잘 보이지 않는 정글에서는 이런 공격에 놀란 아군들끼리 서로 총질하는 불행한 일이 많았다.

"적군보다 정글이 더 무서워요."

연합군은 덥고 숲이 우거진 말레이, 싱가포르, 버마의 정글에서 일본군에게 고전했다. 히틀러와 싸우는 유럽의 서부전선과는 사정이 달랐다. 일본군은 우거진 정글에 작은 몸집을 숨겼다가 갑자기 아군을 공격했다.

어제도 비센푸르의 숲에서 17사단 소속의 인도 군인 몇 명이 사라졌다. 아마도 일본군의 포로가 되었을 것이다. 안개 낀 푸르스름한 새벽의 정글 속으로 사라진 그들을 찾을 수는 없었다.

전쟁에서 선(善)은 이기는 것이었다. 전쟁이란 살아남아야 이기는 게임이었다. 살아남은 자는 살아남지 못한 자를 뒤에 두고 떠났다. 세상의 이별 중 전쟁터에서의 이별만큼 슬픈 이별은 없었다. 선전 대원들을 엄호하며 13시간 내내 적군과 대치하던 펀자브 출신의 인도 군인 카푸르 하사는 농담하듯이 예언하듯이 우리에게 인사말을 남겼다.

"우리 죽지 말고 살아서 다시 만납시다. 이번 전쟁에선 이별을 이겨 보자고요."

예술학교에 다니면서 다른 카스트의 아가씨와 사귀었던 카푸르는 그림을 전공한 사람답지 않게 씩씩했다. 부모의 반대로 연인과 헤어진 뒤에 그 아픔을 이기려고 군대에 지원한 그였다. 나와 동지들은 그의 든든한 엄호를 믿고 일선에서 적을 향해 방송을 했다.

그날도 나와 김 동지는 휴대용 확성기를 들고 산등성이에 올라가 적군에게 외쳤다. 50미터 저쪽에 노란별이 달린 일본군의 군모가 보였다.

"병사들이여, 누구를 위해 그대들의 소중한 목숨을 버리는가?"

"이쪽으로 넘어오라! 헛된 희생을 하지 말라!"

며칠 뒤에 카푸르는 티딤의 덤불에 숨은 일본군의 수류탄 공격을 받고 현장에서 죽었다.

"도와주세요!"

부상을 당했다고 도와달라는 일본군 병사를 구하려고 달려갔다가 갑자기 그가 던진 수류탄을 맞고 쓰러졌다. 선행을 베풀던 그는 연인과의 이별을 이겼으나 세상과의 이별에서 졌다.

우리 대원들은 고맙다는 말을 할 겨를도 없이 그를 보내곤 오후 내내 아무 말도 하지 못했다. 스펜서 대장이 웃는지 우는지 알 수 없는 목소리로 추도사가 아닌 추도사로 그 침묵을 갈랐다.

"죽는 것의 한 가지 장점은 더 이상 싸우지 않아도 된다는 것. 고로 싸우고 싶은 자는 생존하라. 이상!"

카푸르만 저승으로 간 건 아니었다. 아라칸에서 후퇴를 거듭하며 티딤을 거쳐 임팔에 돌아온 영국군 14사단은 만여 명이 넘는 군인을 잃었다.

"아무래도 완전히 포위되지 않은 것 같습니다."

"이 지도를 보세요."

나와 김 동지는 일본군에게서 빼앗은 문서를 번역하다가 영국 14사단이 일본군에게 완전히 포위된 것이 아니라는 점을 알아냈다.

희망을 접고 마지막을 다짐하던 부대원들은 우리가 제시한 퇴로로 무사히 임팔로 후퇴했다. 14사단장은 우리 선전대를 찾아와 고맙다고 말했다.

“싸우지 않고도 많은 사람의 목숨을 구했으니 진정한 승리요.”

“아군을 속인 일본군을 우리가 속인 셈이라서 두 배로 기쁩니다.”

3월 중순에는 일본군이 임팔의 인근까지 밀고 들어왔다. 서로 다른 노선을 택한 일본군 3개 사단이 임팔을 포위하는 형세였다. 임팔이 점령되면 아삼 지방의 너른 평야가 넘어갈 것이고, 곧 벵골 지방과 그 너머의 인도가 위험해질 것이었다.

우리 전지선전대에도 긴박감이 감돌았다. 나는 힘을 내려고 ‘아리랑’ 노래를 가만히 불렀다.

3

여름으로 넘어가면서 명한이에 대한 아이들의 괴롭힘이 심해졌다. 주인공이 눈부신 햇빛 때문에 살인을 했다는 소설이 생각났다.[15] 날이 더워지자 더 많은 아이가 따돌림에 가담했다. 그들은 괜히 명한이의 가방을 발로 찼고, 그 옆을 지나갈 때면 으레 책상을 두세 번씩 두들겼다. 명한이가 어쩌다 선생님의 질문에 답할라치면 여기저기서 빈정거림이 들렸다.

"잘났어, 정말."

명한이를 괴롭히는 아이들은 시골 문수동의 준호처럼 빨간 신호등을 모르는 모양이었다. 그들에겐 직진만 있었다. 명한이는 이래도 당했고, 저래도 당했다. 그렇게 가다간 비가 내리는 것도, 하늘에 구름이 낀 것도 다 명한이의 탓이라고 할 지경이었다.

언젠가부터 명한이가 교실 밖으로 불려 나갔다. 화장실에서 욕설을 듣거나 머리를 쥐어박혔다. 명한이의 작은 목소리는 더욱 작아졌다. 얼굴도 어두워졌다. 민수와 그 패거리의 목소리는 점점 커졌다. 낯빛도 환해졌다.

명한이를 괴롭히는 아이들은 자기들이 저지르는 일이 나쁘다는 걸 모르는 듯했다. 빨간불이 켜졌는데도 여럿이 도로를 횡단할 때처럼 별다른 죄의식이 없어 보였다. 나는 용기가 없어서 명한이를 도와주지 못했다. '은따'인 내가 노골적인 따돌림을 받게 될까 봐 겁이 났다.

가해 아이들은 명한이를 주말에도 밖으로 불러내 골탕을 먹였다. 휴대전화 문자로도 괴롭히는 눈치였다. 그것이 어떤 괴롭힘이었는지는 알 수 없었다. 아무튼 상황이 나빠진 건 분명했다.

"야, 오늘은 새로운 걸 해 보자. 자, 이제부터 명한이는 토끼야. 너는 표범, 넌 늑대를 해. 자, 니들이 명한이 토끼를 쫓는 거야. 자, 토끼는 도망간다. 시작!"

민수가 환한 얼굴로 새로운 게임을 제안하자 갑자기 책상과 걸상이 창 쪽으로 치워졌다. 교실 바닥은 정글이 되었다. 표범과 늑대가 된 아이들이 토끼를 쫓는 시늉을 하며 몇 걸음 내디뎠다. 얼굴이 하얗게 질려 어정쩡하게 서 있던 명한이는 털썩 바닥에 주저앉았다.

"야, 오명한! 뭐 하는 거야!"

"나 좀 살려 줘. 잘못했어!"

명한이는 떨리는 목소리로 애원했다. 뭘 잘못했다는 건지는 알 수 없었다.

"빨리 도망가! 그러다 표범에게 잡혀!"

민수의 명령으로 명한이는 마지못해 깡충깡충 뛰며 쫓는 아이들을 피해 다녔다. 그 모습은 토끼가 아니라 거북이에 가까웠다. 명한이의 동작은 깡충깡충이 아니라 엉금엉금이었다. 나는 슬그머니 교실을 나왔다.

한 주가 지난 뒤, 동물의 왕이 나타났다. 민수였다. 사자가 된 그는 휙 달려가서 무방비 상태의 명한이를 덮쳤다. 명한이는 숨이 막혀서 컥컥거렸다.

"넌 죽었어, 오늘."

"흐흑."

사자에게 물린 명한이가 숨죽여 울었다. 누구도 말리지 않았다. 나는 아무 말도 못 하고 화장실로 발길을 옮겼다.

"요즘은 때린 사람이 발을 뻗고 자요. 외려 맞은 사람이 잠들지 못하죠."

"아직도 학교에서 이런 일이 생기다니 말이 됩니까?"

명한이의 엄마와 이모가 학교에 찾아왔다. 명한이가 사흘 동안 결석을 한 뒤였다. 아들이 왕따를 당하는 걸 이제야 알았다고 큰소리를 냈지만, 감정을 억누르는 목소리였다. 엄마의 차림새를 보건대 명한이네는 꽤 사는 집안인 모양이었다. 그의 엄마는 교양이 있어 보였다.

"BMW 맞아!"

"번드르르한데! 멋진 차야."

반 아이들은 창 너머로 운동장을 내다보며 나지막한 소리로 말을 주고받았다. 그동안 명한이가 허언증과 허세가 심했다고 괴롭히던 아이들은 진실을 마주하자 풀이 죽었다. 명한이가 거짓말을 늘어놓았다는 말이 어디서 어떻게 나왔는지 모르겠다는 표정으로 아이들은 서로를 마주 보았다.

"힘세다고 힘없는 아이를 괴롭히는 일이 요즘에도 있나요?"

"확실하게 가해자를 처벌하고, 이런 일이 반복되지 않게 해 주세요!"

명한이 엄마와 이모는 날카롭지만 분명한 목소리로 해결을 요청했다. 담임 선생님이 사과하는 나지막한 목소리가 교무실 앞 복도에서 들려왔다.

명한이는 학교에 다시 나왔다. 그를 괴롭히고 따돌리던 아이들은 한동안 멋쩍은 표정이었다. 명한이에 대한 따돌림은 눈에 띄게 줄었다. BMW 덕인 듯했다. 그렇다고 아이들이 그에게 말을 걸거나 따듯하게 대하는 건 아니었다.

"쟤, 이상하지 않아?"

명한이는 전처럼 조용히 움직였다. 이젠 그가 다른 아이들을 무시하는 점이 달라졌다. 명한이는 아이들이 자기 눈앞에 없는 것처럼 지나다녔다. 어느 누구와도 시선을 마주치지 않았다. 그의 눈은 멍해 보였다.

가해 학생들에 대한 학교의 처벌은 없었다. 민수를 뺀 몇 명이 교무실로 불려갔고, 반성문을 썼다는 소리가 들렸다. 그게 다였다. 담임 선생님은 종례 시간에 왕따와 폭력을 일으키는 아이들을 엄하게 처벌하겠다고 우리를 죽 돌아보며 으름장을 놨다. 그 얼굴은 조금도 무섭지가 않았다.

"너희들끼리 잘 해결해."

가해 아이들과 명한이더러 알아서 화해하라는 말이었다. 무책임했다. 물론 민수와 가해 아이들은 명한이에게 사과하지 않았다. 명한이는 아무래도 상관없다는 표정을 지었다.

선생님들 대다수는 우리 담임처럼 학교 폭력에 신경을 쓰지 않았다. 교실 안의 폭력을 방관하거나 알면서도 모른척했다. 피해 아이가 상처를 받거나 힘들까 봐 걱정하기보단 그 일이 소문 나서 자신에게 책임이 돌아올까 봐 걱정했다.

"아이들이 그럴 수도 있지요."

"사내자식들은 원래 주먹질하면서 크는 거예요."

나는 친구들끼리 주고받는 가벼운 놀림이나 주먹질을 재미와 장난이라고 여기는 게 문제라고 생각했다. '무심코 던진 돌멩이에 개구리가 맞아 죽는다'는 속담이 새삼스러웠다.

"뭔가 이유가 있겠지."

"왕따를 당할 만한 성격이 아닌가요?"

기승전결을 좋아하는 어른들, 즉 교사들과 부모들은 학교 폭력을 논리적으로 생각하길 좋아했다. 이상하게도 그건 가해자의 논리와 같았다. 가해 학생의 부모들은 늘 그런 말을 하고 싶어 했다.

"세상에 따돌림을 당해 마땅한 사람은 아무도 없어요!"

난 그렇게 외치고 싶었다. 어린 나도 아는데 어른들이 그걸 몰랐다. 아니다, 모른 척하는 것이었다. 절대적이라고 믿었던 어른의 세계에 금이 나 있다는 걸 깨닫는 건 슬펐다.

집에 돌아온 나는 좋아하는 밴드 '버즈'의 노래 〈B612〉를 틀었다. 〈B612〉는 어린 왕자가 살던 별의 이름이었다.

'어두운 밤하늘을 날아오르면 볼 수 있잖아

유난히 눈부신 작은 별

그곳은 우리만의 천국인 거야'

오늘 같은 날은 그 천국으로 훨훨 날아가고 싶었다.

따돌림엔 이유가 없었다. 애들 일이 그렇듯이 시작은 하찮았다. 명한이가 그랬고 내 경우도 그랬다. 명한이는 친하게 지낸 한 친구에게 자기 집이 잘산다고 말했는데, 그 발 없는 말이 천 리를 돌아다니며 부풀려져 부메랑이 되어 그를 해쳤다. 명한이는 영문도 모른 채 두어 달 동안 집단 따돌림을 받았다. 진실이 거짓이 된 것이었다.

몸집과 키가 작은 명한이는 저항하지 않았지만, 그동안 속이 곪을 대로 곪았다. 여름방학 내내 마음의 감기를 치료받던 명한이는 다른 학교로 전학을 가서 다시는 우리에게 얼굴을 보이지 않았다. 가끔 그의 멍한 눈빛이 떠올라서 가슴이 아렸다.

가을이 여름을 뒷전으로 밀어내는 어느 날, 나는 한 통의 문자를 받았다. 발신자 번호가 없는 문자였다. 난 단박에 문자의 주인공이 명한인 걸 알아챘다.

'이제 나는 시골 큰집이 싫어졌다.
장에 간 큰아버지는 좀처럼 돌아오지 않고
감도 다 떨어진 감나무에는
어둡도록 가마귀가 날아와 운다.
(……)
우리는 가난하나 외롭지 않고, 우리는
무력하나 약하지 않다는 그

좌우명의 뜻을 나는 모른다.'[16]

명한이가 시를 좋아하는지는 몰랐다. 나는 시의 뜻을 제대로 파악하진 못했다. 어려웠다. 다만 '비폭력적이고 나이 어린 그가 폭력적인 상황에서 어떻게, 뭘 할 수 있었을까?' 하는 생각이 들었다.

진실을 말하기란 쉽지 않았다. 그런 점에선 나도 명한이를 괴롭힌 애들과 공범이었다. 자신이 도둑질한 것, 시험 시간에 남의 답을 몰래 베낀 걸 솔직하게 털어놓은 어린 시절의 간디가 부러웠다. 따돌리는 아이들과 싸우기보다 참고 기다린다고 내 자신을 미화했으나 그 안엔 나의 비겁함이 숨어 있었다. 나는 겁쟁이였다.

전학을 온 지 꽤 되었으나 나는 여전히 따돌림의 대상이었다. 반 아이들의 상당수는 내게 무심했다. 가해자들은 장난이라면서 나를 비웃고, 내 노트에 낙서를 했다. 전면에서 무시하는 건 그래도 약과였다. 지나갈 때 슬쩍 다리를 걸거나 가방을 잡아당기는 일도 생겼다. 내가 중심을 잃고 나동그라지면 손뼉을 치며 웃었다.

"나이스 태클!"

"앗, 미안. 나의 실수였어!"

나는 '아니다'라고 말할 의지를 내지 못했다. 은근한 따돌림에서 한발 더 나아간 그들의 괴롭힘은 점점 내 신경을 예민하게 만들었다.

성격이 급해지는 느낌이 들었다. 책을 좋아하고 그림도 곧잘 그리던 나는 점점 정서적으로도 쭈그러들었다.

'원수를 사랑하라! 누가 왼쪽 뺨을 때리면 다른 쪽 뺨을 대라.'

성경이나 좋은 책에 보면 이런 충고가 많지만, 그건 세계 4대 성인이나 가능한 일이었다. 21세기 대낮의 교실에서 진행되는 정글의 게임에서 어린 내가 다른 뺨을 돌려대는 건 사실상 불가능했다.

가끔, 아주 가끔 좋은 폭력을 쓰고 싶은 유혹이 나를 찾아왔다. 나를 괴롭히는 아이를 몽둥이로 실컷 내려치는 상상, 그 애가 교통사고가 나서 학교에 나오지 않았으면 하는 나쁜 바람이 내 안에서 서성거렸다. 그들에게 한 방 먹일 힘을 갖추고 싶었다.

'태권도를 다시 배울까?'

그런 생각이 내 머리를 차지할 무렵의 어느 날, 집에 돌아와 가방을 여는데 쪽지가 나왔다. 누가 넣었는지는 알 수 없었다. 아마도 용기가 부족한 반 친구 중의 한 명일 것이다. 쪽지 내용은 알쏭달쏭했다.

'미안해. 난 너한테 유감없어. 그래도 친구들을 배신할 수는 없어. 이상한 말이지만, 파이팅!'

4

"옛날에 한 장군이 활 쏘는 법을 가르치기 전에 부하들의 자격을 시험했는데요. 높은 나뭇가지의 새 둥지를 가리키며 새의 눈알을 쏘라고 일렀습니다. 장군은 활을 쏘기 전에 눈에 뭐가 보이냐고 물었지요. 누런 새가 보인다, 나무가 보인다, 새 둥지가 보인다고 답한 부하들은 뽑히지 못했어요. 새의 눈알이 보인다고 답한 부하만 장군의 눈에 들었죠. 자 여러 동지들, 우리의 목표도 새의 눈알입니다."

인도인 대원이 쉬는 동안에 들려준 인도 설화였다. 우리에게 새의 눈알은 일본군의 정신이었다.

4월 초, 사토 장군이 이끄는 일본군 31사단 만오천 명이 코히마를 공격했다. 코히마는 임팔과 철도의 종착역인 디마푸르의 중간 지점에 있었다. 연합군은 임팔의 방어에 집중하느라고 코히마에 관심을 두지 않았다. 겨우 4천여 명의 군인이 지키던 코히마가 일본군의 손에 들어가면서 임팔은 보급품을 육로로 공급받지 못하는 위기에 빠졌다.

임팔 평원은 사방이 산으로 둘러싸여 마치 사발과 같은 모습이었다. 일본군이 임팔을 내려다보는 해발 3천 미터의 고지대를 차지했다. 연합군은 그들을 상대로 방어와 공격을 시작했다. 양측 간의 전투는 치열했다. 임팔 북동쪽의 위크룰, 디마푸르로 가는 북방 길목의 캉포크피, 버마로 가는 정남방의 비센푸르는 최대 격전지가 되었다.

밀리고 밀어내는 공방전이 몇 달간 계속되었다. 우리 선전대도 여러 팀으로 나뉘어 작전에 투입되었다.

"나는 할 말이 없다. 내가 하고픈 말은 이 마이크에 있다."

대장은 대일 방송을 시작하기 전에 우릴 돌아보며 웃었다. 그는 늘 유쾌했다. 선전대의 책임자답게 마이크를 들고 선두에 나섰다.

불행인지 다행인지 4월부터 장마철이 시작되었다. 여기서는 몬순이라고 불렀다. 인도·버마전쟁은 새로운 국면에 접어들었다. 이제 군인들이 무기를 들고 싸움을 잘하는 것으로 전쟁을 이길 수는 없었다. 군인들은 보이는 적뿐 아니라 보이지 않는 적, 몬순과의 전쟁을 벌였다.

그건 일본군이나 연합군이나 마찬가지였다. 비가 내려 물을 잔뜩 먹어서 한층 미끄러운 가파른 절벽 길, 금세 물이 범람해 더욱 험해진 계곡은 사람의 통행을 막았다. 비가 오기만 하면 억수처럼 내리는 열대지방의 무서운 빗줄기는 사람의 심성까지 적셨다. 몇 시간을 퍼부은 장대비가 산비탈의 마을을 쓸어가고 덩치 큰 나무들을 뿌리째 뽑아 갔다. 몬순은 어렵게 낸 구불구불한 산길을 파괴하고 탄약과 식량을 삼켰다.

무섭게 내리던 비가 그치면 정글은 곧바로 안개 세상이었다. 방송 장비가 필수인 전지선전대는 오리무중에서 이동하기가 힘들어졌다. 전방의 시야를 확보하는 일도 어려웠다. 몬순은 무서운 적이었다.

"일본군은 총으로 쏠 수나 있지, 이놈의 모기들은 도대체 손을 쓸 수가 없어요."

연합군에겐 일본군보다 무서운 적이 또 있었다. 말라리아였다. 우기가 시작되자 모기들의 세상이 되었다. 말라리아에 걸린 군인들이 부쩍 늘었다. 말라리아 예방약을 많이 먹은 군인들의 얼굴이 노래졌다. 열대지방의 열병도 잊지 않고 찾아왔다.

"우리가 이렇게 힘든데, 일본군은 어떻겠어요?"

"모기가 우리 대신 일본군을 공격하겠지요?"

우리의 바람이 이뤄졌다. 우리 측이 가로챈 일본군의 무전에 따르면, 임팔 주변의 일본군 중 30퍼센트가 말라리아에 걸려 고생했다.

우기의 정글은 곧 죽음이었다. 군인들의 건강과 사기를 좀먹듯 먹었다. 추운 지방에서 온 영국인은 정글을 '악(惡)'이라고 두려워했다. 어두워진 정글은 더욱 무서웠다. 무엇이 숨어 있을지, 어떤 동물이 튀어나올지 몰라서 공포 그 자체였다.

나는 언제 맞닥트릴지 모르는 야생동물이 가장 무서웠다. 잎사귀에서 슬그머니 떨어져서 몸에 기어올라 피를 빠는 거머리들, 정글 속의 군인들은 그 작은 흡혈귀에게 많은 피를 선사했다. 밤마다 찾아오는 또 다른 흡혈귀, 소금을 뿌려도 죽지 않는 빈대도 적군만큼 끈질겼다.

적군은 더 있었다. 설사병이었다. 낯선 지역의 낯선 물, 특히 장마철의 흙탕물은 설사병으로 가는 직행이었다. 그럴 때면 맛없는 초콜릿 바로 여러 끼니를 때웠다. 버마 국경에서 싸우는 어떤 부대는 군인들의 70퍼센트가 설사병에 걸렸다는 소식이 들렸다. 설사를 많이 해서 소총을 들 힘조차 없는 군인들은 캘커타로 후송되었다. 군인들은 그걸 '소풍 간다'고 말했다. 소수 정예인 우리 선전대는 소풍을 갈 여유도 없었다.

"우리가 이 정도면 보급도 없고 의료 지원도 없는 일본군은 어떻겠어요?"

정말 그랬다. 인간이 통제할 수 없는 자연환경이 연합군보다 먼저 일본군의 전력을 베어 먹었고, 그들을 무찌르기 시작했다.

일본군에겐 말라리아보다 더 심각한 적이 배고픔이었다. 일본군은 식량이 거의 바닥이 났다. 3월 말부터 하루에 한 끼만 먹는 일본군이 많았다. 거기엔 이유가 있었다. 차량을 이용할 수 없는 산악 지대의 우거진 숲에선 가축들이 식량과 탄약을 날랐다. 짐을 가득 진 가축들은 훗날 군인들의 원기를 위해 잡아먹힐 운명이었다.

세상일은 계획대로 되지 않았다. 일본군은 황소와 염소를 데리고 친드윈 강을 건너다가 가축의 절반을 물살에 떠내려 보냈다. 농사를 돕는 가축은 훈련받은 군인이 아니었다. 탄약과 식량을 싣고 숲과 덤불, 무성한 벼랑을 헤치던 가축들이 온전할 순 없었다. 가축은 지쳐서 병들어 죽고, 가파른 산을 타다가 굴러떨어져 죽었다. 군인들도 간신히 기어오르는 절벽을 가축들이 짐까지 실은 채 올라갈 순 없었다. 일본군의 식량과 무기는 가축과 함께 낭떠러지 아래로 사라졌다.

우리가 속한 영국군보다, 무서운 말라리아보다 굶주림이 먼저 일본군을 찾아가 위협했다.

"일주일째 아무것도 못 먹었어요."

일본군 포로를 심문하는 임무도 전지선전대의 몫이었다. 4월 초에 내가 심문한 다나까는 겨우 그 말을 마친 뒤에 허겁지겁 앞에 놓인 빵을 입안에 욱여넣었다. 배만 주린 것이 아니라 차림도 엉망이었다. 거친 산악에서 맨발로 지낸 터라 종아리 아래가 성한 데가 없었다.

"난 어머니에게 가야 돼요!"

나가사키에서 공과대학을 1년 마치고 입대했다고 답한 그는 전쟁이 끝나면 엄마에게 가고 싶다는 얘기만 반복했다. 절망 속에서 생각 나는 이름이 '어머니'였다. 오랫동안 먹지 못해 뼈가 도드라져 보이는 다나까는 반쯤 정신이 나간 듯했다.

"어머니에게 가야 돼요!"

그런 일본군이 한둘이 아니었다. 3월 말부터 일본군은 1943년의 벵골 주민이 그랬듯이 굶기를 밥 먹듯이 했다. 쌀 한 줌으로 일주일을 버티는 군인들도 생겼다. 나물을 뜯어 넣어서 국물뿐인 멀건 죽을 끓여 먹었다. 초근목피는 물론이거니와 새와 곤충도 잡아먹었다.

일본군은 인도를 침입한 이래 단 한 번도 보급을 받은 적이 없었다.

'식량은 현지에서 자급자족'

일본군 수뇌부는 처음부터 보급을 현지에서 조달하라는 명령을 내렸다. '처칠이 준 선물'이 원인이었다. 영국군은 일본에 밀려 버마에서 급히 후퇴하면서 미처 식량과 무기를 챙기지 못했다. 영국군이 남기고 간 엄청난 양의 식량과 탄약을 습득한 일본군은 '처칠의 보급품'이라면서 "반자이(만세)!"를 외쳤다.

그 사실을 알게 된 영국군은 후퇴하면서 모든 식량과 군수품을 폐기했다. 험준한 아라칸산맥이 가로막아서 버마로부터의 보급이 어려웠다. 일본군은 현지에서 식량을 자급자족해야 했다. 갖고 온 식량은 곧 바닥이 났다. 일본군의 사기도 바닥을 치기 시작했다.

셰익스피어의 희곡을 인용하는 걸 좋아하는 스펜서 대장은 적군을 향해 큰 소리로 외쳤다.

"너희들의 연극은 끝났다. 패배를 인정하고 무대에서 내려와라!"

기약 없는 양측의 대치가 여러 달 계속됐다. 일본군은 더는 진군하지 못했다. 후퇴하지도 못했다. 임팔이 내려다뵈는 여러 산봉우리 부근에 참호[17]를 파고 버텼다. 버틴다는 말이 맞았다. 구름 덮인 해발 3천 미터의 산꼭대기에서 식량과 무기 없이 그들이 할 수 있는 건 오로지 버티기, 죽기 살기의 버티기였다.

일부 일본군은 산간 마을과 홀로 사는 화전민을 털었다. 먹을 수 있는 건 다 빼앗았다. 나가 산간 지대에는 일본군에게 주민이 몰살당한 마을이 적지 않았다. 연합군은 코히마의 동쪽 산간 마을에서 온 주민이 목이 베인 채 죽어 있는 걸 발견했다. 시체 밑에 죽은 척 누워 있던 일본군 한 명이 수류탄을 던져서 수색하던 영국군이 죽었다.

"일본군은 정말 독해요!"

"군인으로선 훌륭하죠. 아까운 젊은이들이……."

독한 일본군은 상황이 점점 나빠졌다. 덜 독한 아군의 기세는 좋아졌다. 더운 날씨와 습한 기운, 배고픔과 고향에 대한 그리움이 일본군의 사기를 바닥으로 끌어내렸다.

우리 선전대는 중국 출신의 일본 인기 가수 야마구치 요시코의 노래를 대형 확성기로 내보냈다. 일본군의 향수를 자극하는 애수 어린 노래였다.

'전쟁터의 가을 서리 내리고, 울며 날아가는 기러기 몇 마리~ 빛나던 긴 칼에 비추던, 그 옛날의 달빛은 어디에~'

남성들의 세계인 전쟁터에 아름다운 여성의 목소리가 울려 퍼졌다. 그걸 듣는 우리도 가슴이 쓰라렸다.

4월은 매우 더웠다. 온도는 40도를 훌쩍 넘겼다. 몬순 덕에 습도가 100퍼센트였다. 열기와 습기까지 손을 잡고 군인들을 괴롭히자 인도·버마 전선은 그야말로 온통 폭력적인 세상이었다.

우린 깊고 푸른 정글 속에 몸을 가리고 적진을 살폈다. 그러다 문득 올려다본 비가 갠 하늘은 우리나라의 가을 하늘처럼 투명했다.

'여기, 이곳에 쭈그려 앉아서 마이크를 손에 든 나는 누구인가?'

사치스럽게 방황하던 내 생각은 포성으로 중단되었다.

우리가 가로챈 일본군의 무전은 짐작했던 대로였다. 몬순에다가 날까지 더워지자 코히마 근처의 일본군 31사단은 절망적으로 군단 본부에 지원을 요청했다. 무타구치 사령관의 답은 거절이었다.

'적이 너무 강함. 더는 그들을 막을 수 없음. 지원 요청함.'

'지원 불가. 최후까지 싸우길.'

인도에 있는 모든 일본군이 싸울 힘을 잃었다. 그들에게 남은 무기는 무기력한 기도와 실낱보다 가는 희망이었다. 그건 희망이 아니라 절망이었다.

우리는 31사단의 일본군이 지어 부르는 노래를 입수했다.

'낮엔 비행기, 밤엔 박격포, 비처럼 쏟아지는 포탄 아래로 오늘도 나가는가, 육탄 공격에. 나라 위한 일이지만, 아아 코히마, 이거 정말 고생이로다.'

우리 선전대의 방송에 적군이 반응을 보인 건 그때부터였다. 일본군의 사기가 떨어졌다는 증거였다. 우리는 그들의 사기를 더 떨어트리기 위해 머리를 맞댔다. '향수 불러일으키기'와 '공포 조성하기'의 두 가지 작전을 쓰기로 했다.

우리 선전대는 총을 쏘지 않지만 군대의 선두에 섰다. 전지선전대와 적군의 거리는 50미터, 100미터에 지나지 않았다. 일본군이 두런거리거나 웃는 소리까지 들렸다.

4월 12일, 캉포크피에서 선무 방송[18]을 하자 일본군 병사 세 명이 백기를 들고 걸어 나왔다. 키가 작고 몸이 홀쭉한 모습이었다. 나와 대원들은 오라고 손을 흔들었다. 중간쯤 걸어왔을 때 한 명이 뭐라고 하더니 모두 발길을 돌렸다. 우리는 실망하지 않고 2차 방송을 했다.

"투항하라. 여기엔 먹을 것이 많다! 안전하다!"

"자, 먹을 것을 던진다!"

적진은 조용했다. 우리는 비스킷과 담배가 든 봉지를 힘껏 던졌다. 수류탄으로 오해하고 응사할까 봐 대원들은 모두 낮은 자세를 취하고 잠시 기다렸다. 한참 뒤에 우리 쪽을 주시하던 한 병사가 주위를 한 번 둘러보더니 주섬주섬 봉지를 집어 들고 돌아갔다.

"아리가토.(감사합니다.)"

얼핏 그 소리가 들렸다. 나중에 포로 심문에서 그날 일본군 대대 650명이 우리 선전대의 선무 방송을 들었다는 걸 알게 되었다.

전지선전대의 활약상은 널리 퍼졌다. 특히 일본군을 상대로 전단 작성과 선무 방송, 문서 번역과 포로 심문을 담당하는 우리 광복군에 대한 칭송이 많았다. 적의 무전을 탈취하여 일본군의 작전 계획을 사전에 알아냈다고 군단장의 포상을 받기도 했다.

동남아전구 사령관 마운트배턴은 광복군의 증원이 필요하다고 말했다. 우리 대원들의 중요성을 인정한 거였다. 영국군 14사단장도 광복군의 중요성과 공헌도를 높이 평가하면서 선전대의 조직을 확대 개편하자고 주장했다. 우리는 전지 신문에 나올 기사를 위해서 인터뷰를 했다.

"우리 사진이 영국군에게 알려지는 거래."

나티신과 우리 광복군 대원들은 군복과 모자를 쓰고 함께 사진을 찍었다. 우리가 연합군의 일원으로 국가의 독립에 기여한다는 사실이 기뻤다.

일본군에게 포위되어 보급로가 단절된 임팔 평원 위로 식량을 실은 연합군의 수송기가 자주 날았다. 철도를 타고 디마푸르에 도착한 보급품이 운송되는 코히마·디마푸르의 도로를 일본군이 봉쇄한 뒤였다. 땅이 아니면 하늘로, 영국군은 일본군과 달리 대안이 있었다.

4월 18일부터 디마푸르의 비행장을 떠난 타코타라고 부르는 영국군의 화물 수송기가 임팔 지역에 식량을 공중 수송했다. 약 3개월간 19,000톤의 엄청난 물자가 임팔 평원에 투하되었다.

무기와 식량이 보급되지 않아서 배를 곯는 일본군은 수송기가 날아가는 걸 부러운 눈으로 올려다봤다. 포로들이 털어놓은 바에 따르면, 때로 보급품이 조종사의 실수로 일본군의 진영으로 떨어졌다. 그런 날은 전투에서 적을 이긴 것보다 더 큰 "반자이!" 소리가 일본군 진영에서 나왔다.

"여기야, 여기!"

"제발, 이쪽으로!"

일본군은 낙하산을 타고 둥실둥실 내려오는 보급품이 자기들 쪽으로 떨어지길 간절히 바랐다. 그러나 조종사의 실수는 장마다 오는 각설이가 아니었다.

더러 운수가 좋은 날이 있었다. 임팔의 외곽 지대에 있던 일본군은 하늘에서 실수로 자기들 지역에 떨어진 연합군의 보급품으로 짧지만 치명적인 행복을 누렸다.

"소고기 통조림, 위스키, 맥주, 버터, 잼, 달걀이 든 영국군의 전투식량으로 잔치를 벌였죠."

영국군의 식량은 허기진 일본 병사들이 소화하기엔 너무 기름졌다. 주린 배 속으로 먹어 보지 못한 음식과 술이 들어가자 많은 병사가 몸을 가누지 못하고 쓰러졌다. 배탈로 고생하는 병사들도 많았다. 그래도 배고픈 그들은 수송기의 낙하산을 기다렸다.

우리 선전대는 치열한 전투가 한창인 코히마로 가려고 가파른 산을 올랐다. 비에 젖은 일본군의 전단이 야생화처럼 군데군데 퍼져 있었다.

'너희들은 그물에 걸린 물고기와 같다. 출구가 없다. 너희들에게 남은 유일한 방법은 죽음뿐이다!'

일본군의 전단은 자신들을 향한 불길한 예언처럼 보였다. 곧 그 예언은 현실이 되었다.

'너희들은 그물에 걸린 물고기와 같다!'

까마득하게 내려다뵈는 계곡에는 갑자기 불은 물이 요란한 소리를 내며 흘렀다. 물소리가 시끄러워서 적의 동태를 살피기가 쉽지 않았다. 갑자기 앞서가던 인도 군인이 소총을 번쩍 들어 올렸다. 적을 발견했다는 표시였다. 몇 미터를 더 가자 맞은편 산허리에 숨은 적군의 움직임이 손에 잡힐 듯 눈에 들어왔다. 우린 마이크를 잡았다.

비가 쏟아졌지만 우리는 방송을 계속했다. 방송이 끝날 무렵 적군 한 명이 백기를 들고 천천히 우리 쪽을 향해 걸어왔다. 스펜서 대장이 영어로 불렀다.

"Come here!"

웬일인지 그는 그냥 돌아갔다. 대원들은 전단을 넣은 깡통을 포탄으로 삼아 박격포를 쏘았다. 가로세로 5센티미터의 깡통은 박격포탄과 비슷해서 전단 살포에 그만이었다.

우리가 만든 전단에는 일본군의 항복을 권유하는 내용이 많았다. 일본이 전쟁에서 지고 있다는 소식도 알려 주었다. 적의 사기를 떨어트리는 데는 절망적인 내용이 효과적이었다. 일본이 전쟁에서 지고 있어서 보급이 안 된다고 군인들의 희망을 꺾었다.

'영국군은 총도 많고 탱크와 군인도 많다. 일본군은 6개월이면 집으로 돌아갈 것이다!'

'생각해 봐, 지금 네가 뭘 해야 하는지. 투항하라! 이쪽으로 넘어와라!'

일본군 수뇌부는 상황을 오판했다. 그러고 싶었는지도 모르겠다. 코히마에서 노획하여 나 동지가 영어로 옮긴 일본군 문서에는 현실을 직시하지 못하는 내용이 들어 있었다.

'대일본 제국의 위상이 세계만방에 떨칠 것이다. 4억의 인도인이 곧 제국의 영향권에서 살게 될 것이다.'

우리는 쓴웃음을 지었다.

"인도가 대일본 제국의 지배로 넘어간다는대요."

"이번 전쟁에 200만 명이나 참전한 인도인의 의견은 없나요?"

나도 한마디 던졌다.

"영국은 착한 제국이고 일본은 나쁜 제국인가요?"

영국을 도와 일본과 싸우고 그 덕에 우리 조국의 독립을 바라는 나 자신이 혼란스러웠다.

보급 물자를 실은 수송기 C-46이 임팔 쪽으로 굉음을 내며 우리 머리 위로 지나갔다.

[11] 이크발(Muhammad Iqbal, 1873~1938)은 인도의 유명한 시인이자 사상가이다.

[12] 방글라데시 동남부의 항구도시로 독립 이전엔 인도의 벵골 주에 속했다.

[13] 북경 부근의 '노구교'라는 다리에서 일본군이 죽자 일본이 그것을 중국군의 소행으로 날조하여 중일전쟁을 일으켰다.

[14] 15세기에 인도 서북부 지방을 중심으로 일어난 새로운 종교로 힌두교와 이슬람교를 절충해서 탄생했다. 창시자 나나크(Nanak)를 포함해 그의 후계 9명 구루(guru)의 가르침을 따른다. 우상 숭배와 카스트 제도를 부정하지만, 성전(지하드)을 믿는다.

[15] 까뮈의 《이방인》

[16] 신경림 시인의 〈시골 큰집〉의 일부

[17] 전쟁터에서 몸을 숨기면서 적의 공격을 방어하기 위해 땅을 파서 만든 구덩이.

[18] 군사 작전을 지원하기 위해 선전·선동하는 방송, 심리전의 하나.

3

진실은 용기에서 나와

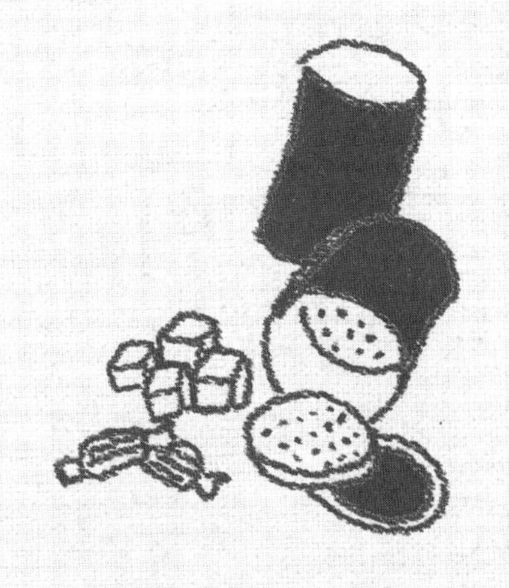

1

난 서울 아이들이 그렇게 바쁜지 미처 몰랐다. 반 아이들은 저마다 할 일이 많았다. 학교 공부도 해야 했고 학원에도 가야 했다. 연예인과 스포츠 얘기, 스마트 기기에 대한 자랑 등 주고받을 수다거리가 태산이었다. 그래서 대다수의 아이들은 교실 안의 폭력이나 누가 누군가를 따돌리는 일에 무심했다. 알아도 눈을 감았다.

"괜히 다른 사람의 일에 끼어들지 마라."

"이불 밖은 위험해."

그런 사회적 분위기가 한몫했다. 힘을 가진 소수가 세상을 이끄는 건 어른의 세계나 우리 교실이나 비슷했다.

하위권을 넘보는 내 성적으로 가슴이 탄 엄마의 강요로 나는 방과 후에 학원을 두 곳이나 다녔다. 그것도 엄마와 줄다리기를 한 결과였다.

"남들만큼은 해야 돼."

"엄마, 제발요."

맘대로 날아다니는 새들을 보면서 자란 나에게 서울 생활은 새장에 갇힌 기분을 주었다. 엄마에게는 미안한 말이지만, 내가 나보다 엄마를 위해 산다는 생각이 종종 들었다.

엄마는 게으른 사람을 참지 못했다. 그래서 엄마는 내가 일찍 일어나고 늦게 자기를 바랐다. 문수동의 할머니와는 반대였다.

"새 나라의 어린이는 일찍 자고 늦게 일어나는 거야! 애들은 잠을 많이 자야 키가 커!"

온종일 나무뿌리를 캐내는 순진한 어린 왕자처럼 열심히 일하지 않고 그저 얼마간 놀았을 뿐인데도, 엄마는 그런 날 보고 기겁했다.

"엄마, 난 어린 왕자가 아니에요!"

소설 속의 어린 왕자는 열심히 바오바브나무의 뿌리를 캐냈다. 나무의 뿌리가 자꾸 자라서 자신의 소행성 B612를 뚫어 산산조각을 낼까 봐 걱정이 되어서였다. 내가 남에게 뒤처질까 봐 걱정이 많은 엄마는 온종일 나를 학교와 학원을 전전하게 만들었다.

나는 여전히 말수가 적었다. 말은 적어도 생각이 많던 나는 생각마저 적게 하는 아이가 되었다. 난 어리바리해 보이지 않도록 생각보다 말을 먼저 하려고 애썼다. 물론 하루아침에 로마가 이뤄지는 건 아니었다. 나의 발전 속도는 엄마의 기대보다 항상 더뎠다.

서울에서는 문수동의 시절처럼 하늘을 욕심껏 올려다볼 여유가 없었다. 아니다, 서울엔 아예 올려다볼 하늘이 없었다. 높은 건물 사이로 난 길을 따라 종종걸음 치다 보면 이 거대한 도시에서는 계절이 오가는 걸 알아채기조차 어려웠다. 모든 것이 다 있는 서울의 건물 안은 겨울에도 봄처럼 따듯했고, 여름에도 가을처럼 서늘했다. 계절을 모르고 사는 건 슬픈 일이었다.

새로운 전학생이 우리 반에 나타났다. 키가 작고 몸집이 마른 아이였다. 이전 학교에서도 따돌림을 당해 전학을 왔다는 소문이 그날로 교실 안을 한 바퀴 돌았다.

"새로 왔으면 인사를 해야지!"

"이 분이 여기 짱이야! 알아서 모셔!"

우리 반의 노는 애들, 민수 패거리들은 신이 났다. 첫날부터 전학 온 상현이에게 시비를 걸었다. 환영 인사라며 어깨도 툭툭 쳤다. 상현이는 묵묵부답이었다.

며칠 뒤에 그런 상현이가 수업 시간에 선생님의 질문에 딱 부러지게 의견을 내놓자 상황이 나쁜 쪽으로 흘러갔다. 공부를 잘했던 민수는 자기 나름의 생각이란 걸 가진 애들을 싫어했다. 공부 잘하고 자신만만했던 과거가 생각나서 그런 것 같았다.

"오호라. 그렇게 잘나셨어?"

수업이 끝나자 민수가 그에게 다가갔다. 그것이 신호였다. 뒷자리에 앉은 민수의 친한 친구가 상현이의 뒤통수에 지우개를 던졌다. 그러곤 킥킥거렸다. 지우개는 그의 뒤통수를 때리고 교실 바닥에 떨어졌다.

"난 언제나 백발백중이야."

상현이와 어울리지 말라는 무언의 분위기가 교실 안을 맴돌았다. 명한이를 대하던 교실 분위기와 비슷했다. 상현이의 신발이 없어지거나 그의 교과서에 누군가 낙서로 엉망으로 만든 일이 연속으로 일어났다. 체육 시간을 앞두고 상현이의 체육복이 감쪽같이 사라진 건 그다음이었다. 나는 그들의 소행이 분명하다고 생각하면서도 상현이를 도와 체육복을 찾았다.

"체육복에 발이 달렸냐? 핑계 대지 마!"

체육 선생님에게 꾸중을 들은 상현이는 체육 시간 내내 운동장 한쪽에 우두커니 서서 뛰노는 우리를 바라봤다. 나는 멀리 보이는 그의 모습이 명한이와 닮았다고 생각했다. 체육복은 다음 날 아침 상현이의 책상에 가지런히 놓여 있었다.

한때 모범생이자 우등생이던 민수는 점점 얼굴이 일그러져 보였다. 내 눈엔 그래 보였다. 복잡한 감정의 벌레들이 그를 야금야금 먹어 들어가는 것처럼 여겨졌다.

민수와 그 일당은 자신들이 친구들에게 장난을 치는 거라고 생각했다. 그 정도는 재미요, 장난이었다. 기분이 좋지 않다고 괜히 상현이에게 화풀이도 했다. 그것도 자신들에겐 우정의 표시였다

"오늘은 왠지 단 게 먹고 싶네. 야, 네가 뭘 좀 사 올래? 여기 돈!"

100원짜리 동전 하나가 책상 위에 또르르 소리를 내며 떨어져 구르다가 멈췄다. 상현이는 말없이 일어나서 나가더니 매점에서 과자 두 봉지를 사 들고 돌아왔다.

"고맙다, 친구!"

"잘 먹을게!"

민수의 패거리들은 대여섯 명이었다. 그들은 반 분위기를 자신들의 행동이 당연하게 여겨지도록 만들었다. 나머지 학생들은 무관심한 척하거나 방관했다. 교실 안의 우리는 모두 가해자이며 피해자였다. 모두 빨리 어른이 되고 싶지만, 우린 아직 여전히 생각이 모자란 미성년자였다.

역사 시간이었다. 민수는 우리나라를 강제로 지배한 일본이 나쁘다면서 자신이 안중근 의사를 존중하는 이유가 용감하게 불의에 저항했기 때문이라고 또박또박 발언했다.

"좋아요, 민수 생각이 반듯하구나."

역사 선생님이 칭찬하는 동안에 나는 민수의 얼굴을 훔쳐봤다. 당당한 민수의 모습이 보기 싫었다. 민수는 어깨를 으쓱하며 반 아이들을 돌아보고는 자리에 앉았다. 아이들을 제 맘대로 다루고 주먹을

휘두르는 그가 일본을 강력하게 비판하는 것이 우스웠다.

"그런 일본을 박살 내야 한다고 생각합니다."

민수와 친한 동수가 웅변하듯이 책상을 '탕' 하고 내리쳤다. 아이들이 웃음을 터트렸다. 그때 웃지 않은 학생은 나와 상현이뿐이었다.

'우리나라를 지배한 일본을 욕하면서 힘없는 학생을 겁주다니…….'

'정당하면 당당할 수 있다.'는 간디의 말이 메아리처럼 머릿속에 울렸다. 할머니는 간디가 정당한 일을 했기에 허름한 옷을 입고도, 총칼 앞에 맨손으로 나섰어도 당당했다고 설명해 줬다. 정당하지 않은 걸 보고도 당당하지 못한 내가 비겁하게 여겨졌다. 할머니에게 미안한 마음이 들었다.

엄마의 기대와 달리 내 성적은 오르지 않았다. 엄마는 속상해했다. 솔직히 말하면, 난 엄마가 찍어 둔 고등학교에는 가고 싶지 않았다. 엄마가 바라는 의사도 되기 싫었다. 난 글을 쓰거나 그림을 그리고 싶었다. 둘 중에 뭘 할지는 아직 모르지만 내 꿈은 예술가였다.

"넌 노력이 부족해!"

그런 날은 모든 점에서 완벽한 엄마 친구의 아들이 식탁 위에 나타났다. 이상하게도 엄마의 주변엔 착한 아들을 가진 엄마 친구들이 많았다.

“내가 필요한 건 엄마의 이해와 도움이에요!”

어느 날인가 난 엄마에게 대들었다. 대들었다기보다 말대꾸를 했다. 처음 있는 일이라서 엄마는 놀란 모양이었다. 그때도 할머니가 생각났다. 할머니가 세상에서 제일 잘하는 건 내 말을 들어주고 나를 인정하는 점이었다. 할머니는 ‘안 돼’라는 말을 쓰지 않았다.

“십 대 초반의 자식을 둔 어머니가 가장 힘들다는 연구 결과도 있어. 네 비위를 맞추는 게 시어머니를 모시는 것보다 더 힘들어.”

“엄마, 저는 어떻겠어요?”

“보기만 해도 방긋방긋 웃던 그 어린 천사는 어디로 갔을까? 휴!”

엄마의 한숨을 밀어내고 나는 방문을 닫았다. 벽에 붙여 놓은 ‘인내’라는 단어가 눈에 들어왔다. 나는 그걸 소리 내어 세 번 읽었다.

“인내, 인내, 인내!”

‘참을 인(忍)’자 세 번이면 나라도 구한다고 했다. 그럼에도 내 안에는 또 다른 내가 숨어서 참을성을 막았다.

“자식은 전생의 빚쟁이라더니…….”

엄마의 말소리가 들려왔다. 그랬다. 엄마에겐 내가 유일한 희망이었다. 나는 그걸 잘 알고 있었다.

그래도, 아무리 그렇다 해도 난 아직 중학교 2학년 아이였다. 엄마를 이해하기보다 자신을 알아가기에도 벅찬 시기였다. 신체적으로도 그렇고 정신적으로도 그랬다. 새가 알을 깨고 나오듯 아이에서 어른이 되어 가는 나는 마음이 들뜨고 복잡했다. 그런데도 엄마는 나에게 공부만 잘하라고 보챘다.

"공부, 공부, 공부!"

나는 학교에서도 집에서도 힘이 들었다.

길가의 은행잎이 하나둘씩 날리던 어느 날, 나는 다시 명한이에게서 연락을 받았다. 이번에도 발신자 번호가 나타나지 않았다. 문자의 내용은 아주 간단했다.

'난 우리가 지나가야 할 시간을 잘 참아 내고 있어. 너도 그렇겠지?'

난 그렇다고 고개를 끄덕일 수가 없었다. 난 잘 참아 낸다고 답할 수가 없었다. 그의 말이 위안이 되지도 않았다.

"어른이 되는 것이 이렇게 어렵니?"

난 명한이에게 묻고 싶었다.

"잘 사는 것이 최고의 복수야."

언젠가 명한이게 해 주고 싶던 말이 내 귓가에서 부스럭거렸다.

2

4월 중순이었다. 코히마로 가는 길목에서 갈라지는 캉포크피로 올라가다가 나이 든 나가족[19] 여인을 만났다. 여인의 행동에서 이상한 낌새가 느껴졌다. 동행했던 인도인 대원이 강하게 추궁하니 몰래 일본군 부상병을 치료하고 있다고 털어놓았다. 부족 여인들이 다 그렇듯이 초라한 행색의 여인은 누굴 도울 만한 처지가 아니었다.

"이쪽이에요."

여인을 따라가니 가구가 대여섯 호에 지나지 않는 오지의 마을 뒤쪽 덤불 속에 다 해진 군복을 입은 일본군이 누워 있었다. 두 다리를 다쳐서 꼼짝 못 하는 듯했다. 그는 우리를 보자마자 옆에 있던 옷가지를 입안에 욱여넣어 자살을 꾀했다. 잡혀서 굴욕을 당하기 전에 죽으려는 것이었다. 천황에게 충성을 맹세한 일본군은 항복을 죽음보다 못한 치욕으로 여겼다.

"얼른 팔을 붙잡아!"

대원들이 달려들어서 그의 입에 든 옷을 끄집어냈다. 소년 병사였다. 숨을 토해내던 그는 열아홉 살이라고 겨우 대답하곤 눈물을 글썽였다. 소식을 들은 마을 사람 서넛이 모여들었다. 전쟁 중이라 여자들뿐이었다. 인도인인 선전대 부대장은 반은 나무라듯, 반은 이해할 수 없다는 듯 여인에게 물었다.

"마을을 쑥대밭으로 만들고 사람까지 죽인 일본군을 왜 도와줬어요?"

"저런 졸병이 무슨 죄가 있겠어요? 윗사람이 시키는 대로 했겠죠. 군인들은 싸우고 우린 위험에 빠진 사람을 도와줄 뿐이에요."

"왜냐면, 이렇게 살지언정 우리도 사람이니까요."

어깨가 다 드러나는 허름한 옷을 걸친 여인은 무너진 초가로 걸어가며 말을 이었다.

"저렇게 어린애를 싸우라고 여기까지 끌고 와선 먹을 것도 주지 않고, 다쳤다고 내버리고 가는 사람들이 나쁜 거죠."

나는 인도인 통역장교를 통해 여인의 말을 이해했다. 맞는 말이었다. 만약 일본이 위대한 제국이라면 수십만 명의 젊은 군인들을 이역만리로 데려와서 굶주림과 말라리아의 자비에 버려둘 수는 없었다. 그렇게 하고도 대제국이라고 하는 건 옳지 않았다.

"이 먼 곳까지 군대를 끌고 올 능력을 다른 데 썼다면 얼마나 좋왔을까요?"

나와 통역장교는 눈을 마주 보았다. 전쟁은 일본에 있는 높은 사람이 시작했고, 제국이 버린 저 일본군 병사는 이름 모를 부족 여인의 도움으로 살아남았다. 사람의 본성이 사람을 살리는 것이라면 여기 이 여인이 도쿄의 그들보다 몇 배 더 사람다웠다.

임팔에서 디마푸르로 이어지는 길도 아라칸산맥처럼 험했다. 산꼭대기에서 보이는 것은 끝없이 이어진 봉우리들의 바다였다. 고개를 넘을 때마다 다른 부족이 산다고 알려진 수많은 산마을엔 여러 이름의 부족민이 살았다. 뭉뚱그려서 나가족이라 불리는 그들 다수는 수렵과 채취를 하면서 원시적으로 살았다.

"저 움직이는 코끼리가 무서워요!"

그들은 연합군의 탱크를 그렇게 불렀다. 근대 문명과 거리를 둔 그들에겐 '너희 땅', '우리나라'의 개념이 없었다. 먼 나라에서 온 힘을 가진 자들이 그 땅을 나누고 가르며 싸우는 중이었다.

"왜냐면, 이렇게 살지언정 우리도 사람이니까요."

여인의 말처럼 우리 선전 대원들도 '사람이니까' 그 소년병을 안전하게 야전병원으로 보냈다.

군단 본부로 돌아온 우리 대원들은 잠시 고단한 다리를 뻗고 휴식을 취했다. 그러자 물 한 잔을 들이켠 인도인 통역장교가 말문을 열었다.

"아까 그 여인의 말을 듣고 생각난 이야기가 있어요."

다음은 그가 들려준 이야기였다.

노스님이 강가에 앉아서 시를 암송하고 있었다. 그때 나무 위에 있던 전갈이 강물에 빠졌다. 전갈이 허우적대는 걸 본 스님은 전갈을 건져서 나무 위에 도로 올려놓았다. 그런데 전갈은 자신을 구해 준 스님의 손을 깨물었다.

스님은 다시 강가에 앉아서 시를 암송했다. 얼마 뒤에 전갈이 다시 나무에서 떨어져 강물에 빠졌다. 스님은 전갈을 건져서 다시 나뭇가지에 올려 주었다. 그때 전갈이 또 스님의 손을 깨물었다.

얼마 지나지 않아 전갈이 또 강물에 빠졌고, 스님은 물에 빠진 전갈을 건져 나무에 올렸다. 이번에도 전갈은 은인의 손을 깨물었다.

마을 사람이 물을 길러 왔다가 그 광경을 보았다. 그는 참지 못하고 스님 곁으로 다가갔다.

"스님, 저 배은망덕한 전갈을 여러 번 구해 주시더군요. 그런데도 전갈은 매번 스님을 깨물고요. 저 못된 벌레를 죽게 내버려 두지, 왜 구해 주셨어요?"

스님은 그 사람을 되돌아보며 말했다.

"저 전갈도 어쩔 수 없는 거라오. 깨무는 게 전갈의 본성이니까요."

“저도 그건 알아요. 그걸 알면서 스님은 왜 전갈을 피하지 않으시나요?”

마을 사람이 되묻자 스님은 미소를 지으며 말했다.

“나도 어쩔 수 없다오. 나는 사람이고, 살아 있는 것의 목숨을 구해 주는 것이 사람의 본성이니까요.”

이야기가 끝나자 다른 인도인 장교 모한다스가 고개를 끄덕이며 말했다.

“정말 아름다운 이야기예요. 마하트마가 생각나네요. ‘인간의 본성이 사랑’이라고 했죠. 영어가 아닌 내 나라의 말로 강연을 하시겠다면서요. 하, 그때 저는 큰 감동을 받았습니다.”

모한다스는 베나레스의 힌두대학에서 간디의 강연을 들은 적이 있다고 여러 번 자랑했다. 스님과 전갈의 이야기를 꺼낸 통역장교가 말을 받았다.

“모한다스 중위는 간디의 이름과 똑같네요.[20] 하하. 간디를 존경할 운명인가 봐요. 내가 듣기에 비폭력 정신은 간디 고향의 전통이래요. 어렸을 때부터 비폭력을 배운 거죠. 뭐라던가, 어떤 민요에서 영향을 받았다고 들었어요.”

“맞아요. ‘만약 누가 물 한 잔을 주었을 때 물 한 잔을 되돌려주는 건 아무것도 아니다. 진짜 아름다움은 악에 대해 선을 행하는 것이다.'라는 노랫말이 큰 영향을 주었다고 말씀하셨어요."

"전통이 중요하네요. 그런데 감옥에 있는 간디가 요새 말라리아에 걸렸다고 하지 않았나요?"

"감옥에서 그가 사망할까 봐 걱정이 된 정부가 드디어 며칠 전에 간디를 석방했답니다."

"흐흐, 마하트마가 감옥에서 돌아가시면 전국에서 폭동이 일어나겠죠?"

"쉿!"

우리는 영국인 스펜서 대장을 의식하고 거기서 말을 멈췄다. 우리 선전대는 한편이면서도 딴마음 한 주먹씩을 속에다 감추었다. 선전대장은 '대영제국'의 사람이었고, 우리 광복군과 인도인 대원들은 그 폭력적인 대제국들의 희생자였다.

"영국이든 일본이든 대제국이란 말만 안 써도 좋겠어요."

누군가 속삭이듯 말했다.

'미우라'라는 이름의 소년병은 한 달 뒤 몸이 좋아지자 우리 작전에 순순히 협조했다. 포로를 선전대에 쓰자는 아이디어는 스펜서 대장의 생각이었다. 그는 사기가 떨어진 일본군의 사기를 더 떨어트리는데 효과적일 것이라고 말했다. 오른쪽 다리가 다 낫지 않아서 절뚝이며 걷는 미우라는 우리 선전대의 요청을 받아들였다.

"살아남는 것이 다는 아니죠. 잘 살아남는 것이 중요하다고 생각해요."

미우라는 작은 목소리로 모처럼 어른다운 발언을 했다. 얼굴에 살이 올라서 덤불 속에 누었을 때의 꾀죄죄함이 더는 보이지 않았다.

우리는 미우라를 데리고 33사단이 포진해 있는 레드힐의 북쪽 봉우리로 올라갔다. 확성기에 연결된 마이크를 붙잡은 미우라의 두 손이 가늘게 떨렸다. 그는 용기를 내서 일본군을 상대로 첫 방송을 시작했다.

"저는 31사단 19연대에 있던 미우라입니다. 더 이상 고생하지 말고 귀순하세요. 여긴 안전합니다. 영국군은 귀순자를 죽이지 않아요. 무엇보다 배불리 먹을 수 있어요. 이쪽으로 넘어오세요!"

미우라는 일본군 포로가 일본군을 상대로 선무 방송을 한 최초의 사례였다. 이후에도 30차례 옛 전우들을 상대로 투항하라고 설득했다. 전우들이 헛되이 죽지 않길 바라는 마음이 간절했다.

미우라의 방송이 일본군에게 준 충격은 컸다. 나중에 포로로 잡힌 한 일본군 병사는 그날의 분위기를 털어놓았다. 죽기보다 명예를 지키라고 배웠으나 사람인지라 살고 싶은 마음이 굴뚝같던 병사들은 미우라의 방송을 듣고 죽느냐 사느냐로 갈등했다고 한다.

"일본군은 천황을 숭배하는 광신도들이야."

"천황의 신민으로 태어난 것이 그들의 슬픈 운명이죠."

아군에게 생포된 일본군은 여전히 적었다. 어쩔 수 없이 붙잡힌 군인 두 명은 품속에 수류탄을 감추고 있다가 아군 몇 명을 데리고 핀을 뽑아 자살했다. 그 바람에 그들을 도와주려던 영국군과 인도 군인 두 명이 목숨을 잃었다. 우리 광복군 대원들은 그걸 논개작전이라고 불렀다.

"아마도 임진왜란 때 배운 것 같아요."

"그 말은 논개의 이름을 더럽히는 겁니다!"

영국군 사단장 슬림 장군은 일본군의 정신 무장이 투철하다면서 이렇게 설명했다.

"우리가 일본군 500명 중 495명을 죽이면 나머지 다섯 명은 자살합니다."

전지선전대는 그 다섯 명을 살리려고 애썼다. 우리는 아군이 투항한 일본군을 절대로 죽이지 않고 안전을 보장한다고 방송했다. 전단에도 그렇게 적었다.

'이 전단을 들고 오는 자는 전쟁 포로로 받아 줄 것이다.'

말하자면, 전단이 안전보장 증서였다. 그래도 일본군은 명예롭게 죽는 것에 집착했다. 전쟁터에서 오랫동안 전전하며 자존심을 긁히고 밟힌 그들에게 남은 명예는 좁쌀 한 줌이 채 안 되었다. 그래도 그렇게 배우고 자란 그들로선 어쩔 수 없는 모양이었다. 세뇌야말로 큰 폭력이었다.

'힘으로 남의 행동을 바꾸는 건 쉽지만, 힘을 쓰지 않고 적을 바꾸는 것은 인내가 필요하다.'

책에서 본 간디의 말이 생각났다. 내가 중학교에 다닐 때 집 벽에 써 붙였던 '인내는 쓰다. 그러나 그 열매는 달다!'라는 교훈도 기억 났다.

"차라리 죽여 주세요."

붙잡힌 일본군들은 죽기를 간청했다. 어떤 포로들은 먹으라고 준 소고기 통조림의 깡통 뚜껑을 우그러트려서 자신의 목을 그었다. 어떤 병사는 벽에다 머리를 짓찧어서 자살을 시도했다. 심문하려고 다른 방으로 데려가는 도중에 갑자기 건물 난간에서 밖으로 뛰어내린 적군도 있었다.

"전 아무것도 몰라요."

"차라리 죽여 주세요!"

일본군 포로들은 정보를 캐내려는 우리들의 심문에 협조하지 않았다. 어린애처럼 엉엉 울거나 고개를 푹 숙이고 묵비권을 행사했다. 그래도 우리는 인내하면서 그들을 어르고 달래서 정보를 얻었다.

"나는 맥주 한 병과 내 몸의 안전을 위해서라면 목숨이라도 바치겠소!"

그런 날엔 스펜서 대장이 익살을 부리며 대원들에게 맥주를 나눠 주었다. 일본 문서를 번역하고 포로를 심문하여 적의 정세를 밝히는 고단한 하루가 지난 뒤였다. 그럴 때는 우리 대원들 모두가 한마음이었다.

막사에서 대원들과 마시는 맥주 한 병은 피로회복제였다. 그런 밤엔 평화로운 조국의 밤이 그리웠다. 아니다, 생각해 보면 일본인이 설치는 조국의 나날이 평화로운 적은 없었다. 으스대는 일본인을 지켜보는 건 젊은 내게 힘들었다. 내가 공부를 접고 중국으로 가서 광복군에 지원한 것도 그런 이유에서였다. 조국의 해방이 우리 동지들의 희망이었다.

"아무래도 적군의 동향이 수상합니다."

5월 초가 되자 여기저기서 일본군이 물러서는 기미가 느껴졌다. 우리 대원들이 여러 차례 선무 방송을 나갔던 레드힐 서쪽 진지에선 12일 밤에 영국군과 일본군 간의 치열한 공방전이 벌어졌다. 새벽이 되자 일본군은 산을 넘어 버마 방향으로 후퇴했다. 아군이 참호에 도착했을 땐 적군 450명의 시체만 나뒹굴었다. 더운 날씨에 여기저기에 더미를 이룬 시체들은 빠르게 부패하면서 형체가 많이 일그러졌다.

다른 진지로 이동하여 오후 작전을 끝내고 부대로 돌아오자 전리품이 우리를 기다렸다. 레드힐의 적군 진지에서 거둬 온 일본군의 문서와 몇 가지 물품이었다. 그중에서 눈을 사로잡는 것이 하나 있었다. 사람의 손을 많이 타서 테두리가 다 해진 증명사진이었다. 단정한 차림의 여인이 웃고 있는 사진의 뒤쪽엔 공을 들여 한 자 한 자 눌러쓴 글씨가 보였다.

'어머니, 어머니, 내 어머니.'

3

다행인지 불행인지 상현이가 등장하면서 나에 대한 아이들의 따돌림은 한층 줄었다. 상현이의 불행이 내겐 다행이었다.

"우린 한 사람만 손봐."

그런 말이 들렸다. 나는 일주일에 한두 차례의 괴롭힘만 견디면 되었다. 나는 그것을 무시하기로 마음먹었다. 할머니에게 들은 이야기가 떠오른 다음 날부터였다.

어느 날 스님이 집주인에게 쌀 한 줌을 달라고 기다리고 있었다. 집주인은 쌀을 주기는커녕 집 안으로 들어가서 욕을 퍼부었다. 잠시 뒤 스님이 아직 밖에 서 있는 걸 본 주인이 밖으로 나왔다. 주인은 자신이 한 말을 들었냐고 스님에게 물었다. 다른 집에서 시주로 받은 과일을 손에 든 스님이 말했다.

"제가 이 과일을 당신에게 주었는데 안 받겠다고 하면 이 과일은 어떻게 될까요?"

"스님 손에 그대로 남아 있겠지요! 내가 그것도 모르는 바보인 줄 알아요?"

"그래요. 자, 저는 당신이 말한 욕설을 받지 않았습니다. 그 욕설이 지금 다 어디에 있는지 바보가 아니라니 잘 아시겠지요?"

괴롭힘 자체를 무시하는 일은 쉽진 않았다. 상현이는 더욱 그랬다. 그에 대한 민수 일당의 폭력은 나날이 심해졌다. 민수와 아이들이 검은 장갑을 끼고 상현이의 눈앞에서 주먹질하는 날도 있었다.

"이게 어퍼컷이야! 쉭 쉭! 네 몸에 손이 닿지 않았어!"

어느 날엔 상현이의 책상 위에서 연필을 부러뜨리며 겁을 주었다. 반 아이들의 눈이 쏠리자 민수가 큰 소리로 말했다.

"너희들, 고자질하려면 해! 선생들은 이런 거 하나도 신경 안 써! 경찰? 경찰은 우릴 잡지도 않겠지만 잡아도 미성년자라서 그냥 풀어 줄걸!"

나는 상담실을 찾아갔으나 문 앞에서 서성이다가 교실로 돌아왔다. 아무래도 학교에 사실을 알려야 할 것만 같았다.

"문경훈, 너 얌전히 있어! 까불다간 죽는다!"

상담실 앞에서 망설이는 나를 보고 누가 민수에게 이른 모양이었다. 민수는 내 눈앞에 바짝 주먹을 들이댔다.

"난 암말 안 했어."

나의 비겁함이 때를 놓쳤다는 걸 알게 된 건 다음 날이었다. 점심시간에 다시 시비를 건 민수에게 작은 몸집의 상현이가 뜻하지 않게 반격을 시작했다. 민수 패거리가 즉시 책걸상을 밀어내어 싸울 공간을 만들었다. 초반 싸움은 민수에게 유리했다.

나는 어찌할지 몰라서 발만 동동거렸다. 죽기 살기로 싸우는 상현이가 두려웠다. 그때 눈에 핏발이 선 상현이가 갑자기 교실 뒤편으로 가더니 구석에 있는 소화기를 집어 들었다.

"덤벼, 다 죽여 버릴 거야!"

민수는 재빨리 의자를 붙잡았다.

"그러지 마!"

싸움을 말리던 나는 사태가 심상치 않자 교무실로 달려갔다.

"선생님, 어서 교실로 오셔야겠어요!"

맘이 급해서 말이 나오질 않았다. 선생님들이 달려오면서 교실 안의 사태는 진정되었다. 상현이는 입술과 손목에 피를 흘리면서 체육 선생님의 손에 이끌려 밖으로 나갔다.

입술에 피가 묻은 민수와 그 패거리는 담임 선생님에게 서둘러 변명을 늘어놓았다.

"가만히 있는데 상현이가 먼저 공격했어요."

"아무래도 쟤가 약을 먹은 거 같아요!"

그 순간 나는 진실을 말해야 한다고 생각했다. 나도 모르게 큰 소리가 내 입에서 튀어나왔다.

"선생님, 그게 아니에요! 쟤네들이 상현이를 괴롭혀서 그런 거예요."

"우린 그러지 않았어요!"

"야, 문경훈! 너 증거 있어?"

진상을 알려는 담임 선생님에게 나를 뺀 반 아이들 전부가 민수 편을 들었다. 오랫동안 폭력을 당해 온 상현이가 갑자기 폭력의 가해자로 둔갑했다.

"진실을 밝혀 주세요! 우리 민수가 그럴 애가 아니라는 건 선생님이 더 잘 아시잖아요!"

연락을 받고 학교에 나타난 목소리 큰 민수 엄마가 2라운드 싸움에서 이겼다. 학교로 불려 온 상현이의 부모는 고개를 숙이고 말이 없었다.

내가 보기에 민수 엄마는 자식을 너무 믿는 것 같았다. 나를 믿어 주지 않는 엄마가 서운했지만, 민수 엄마처럼 아들을 너무 믿는 것도 문제라는 생각이 들었다. 그 믿음이 독처럼 느껴졌다. 언젠가 그 독에 자기 아들이 희생될지도 모를 일이었다.

나는 담임 선생님을 찾아가서 상현이를 변호했다.

"알아. 근데 진실이 항상 이기는 건 아니란다."

담임 선생님은 모든 사람이 이 사건을 조용히 덮길 바란다고 오히려 학생인 내게 사정했다.

"어쨌든 불미스런 일이 생겨 죄송합니다."

상현이의 부모는 처벌을 감수한다고 말했다. 사건은 그냥 그렇게 일단락되었다. 더 이상 사건이 커지는 걸 바라지 않는 학교와 상현이의 부모가 서둘러 타협한 결과였다. 상현이에겐 3주간의 정학이, 민수에겐 1주간 근신하라는 처분이 내려졌다.

그때야 나는 절망이 검은색이라는 걸 깨달았다. 모든 색을 다 수렴하는 검은색처럼 모든 걸 다 감추는 어른들의 세계 앞에서 난 무력한 아이였다. 그날 난 집에 돌아와서 한참을 울었다.

정학을 당한 상현이는 학교에 나오지 않았다. 잘못한 학생은 엄하게 다뤄야 한다고 목소리를 높인 민수 엄마에게 고개를 숙이면서 사과하던 상현이의 아버지가 떠올랐다.

그리고 2주일이 지났다. 상현이가 집에서 한 주먹의 수면제를 먹었다는 소식이 교실에 전해졌다. 교실 안이 잠시 술렁였다. 민수도 놀란 표정이었다.

"죽었대?"

"아니, 위를 다 세척해서 목숨은 건졌대."

3주 뒤에도 상현이는 우리 교실에 모습을 드러내지 않았다. 선생님은 종례 시간에 상현이가 다른 학교로 전학을 갔노라고 짧게 전했다. 아이들은 별다른 반응을 보이지 않았다.

내 생활은 달라졌다. 나는 민수 패거리에게 고자질쟁이로 낙인이 찍혔다. 그들에게 다시 심한 따돌림을 받고 완전한 외톨이가 되었다. 상현이가 없는 교실에서 나는 그들의 유일한 장난감이었다. 물론 민수네들은 상황이 상황이니만큼 은근하게 나를 다뤘다.

저간의 사정을 모르고 나만 보면 공부 타령인 엄마가 사뭇 야속했다.

"난 내 자식이 밖에서 매 맞고 들어오는 건 못 볼 것 같아요. 맞기보다 차라리 때리는 게 낫지 않을까요?"

'엄마는 내가 학교에서 괴롭힘 당하는 걸 알면 어떻게 반응할까?'

그날 분노에 몸을 떨던 상현이의 모습이 떠올랐다. 난 그의 분노가 어디에서 나왔을까 궁리했다. 불의에 맞설 수 없는 무력감, 혼자라는 고립감, 언제 공격받을지 몰라서 생기는 불안감, 괴롭힘을 당하는 자신에 대한 모멸감, 진실을 덮는 어른들에 대한 실망감, 그 전부였을 것 같았다.

나는 교실에서 벌어진 우리들의 싸움도 국가 간의 전쟁처럼 어느 한쪽이 끝을 내야만 끝이 난다고 생각했다.

'강자인 민수가 끝내야 하나, 약자인 내가 끝내야 하나?'

동화나 소설에서는 싸움 잘하는 착한 영웅이 악당을 이기면서 끝을 맺었다. 현실에서는 동화와 달리 나쁜 사람이 이길 때가 더 많았다.

나는 약자가 지고 강자가 이기는 정글의 법칙을 깨고 싶었다. 지금까지 강자인 민수가 이긴 것은 내가 굴욕을 받아들였기 때문이었다. 주먹을 잘 쓰는 아이만 이기는 것이 아니라 약자가 이기는 규칙을 만들어야 한다고 생각했다.

이상한 일이었다. 나는 상현이가 소화기를 집어 들고 민수에게 덤비는 그 순간에 비폭력의 중요성을 깨달았다. 폭력은 또 다른 폭력을 불렀다. 그때까진 가해자인 민수가 이겼으나 그날의 싸움에선 죽기를 각오하고 소화기를 집어 들고 덤빈 상현이의 폭력이 이겼다.

"'눈에는 눈'의 법칙을 따른다면 이 세상은 온통 눈먼 사람으로 가득할 겁니다."

할머니가 들려준 간디의 말이 용기를 주었다. 나는 다른 방식을 따르기로 결심했다. 승자는 지는 사람이 있어서 승자가 되었다. 지는 사람이 없다면, 승자도 없을 것이었다. 나는 승자와 패자가 없거나 둘 다 승자가 되는 방법을 고민했다.

'난 폭력을 써서 자유를 얻진 않을 거야.'

집에 돌아온 나는 민수에게 보낼 편지를 쓰기 시작했다. 진실을 말하는 데는 용기가 필요했지만, 나는 이제 겁쟁이가 아니었다.

'민수에게, 나는 네가 아이들을 괴롭히는 것이 옳지 않다고 말하고 싶어. 아마도 머리가 좋은 너는 이미 알고 있을 거야.

민수야, 주먹을 의지하는 건 오래가지 않아. 지금은 힘센 네가 이기겠지만, 그것이 영원히 계속되진 않을 거야. 내일이라도 너보다 힘센 아이가 나타나면 넌 약자가 될 테니까.

난 우리가 사이좋게 지냈으면 좋겠어. 친한 친구가 될 순 없어도 싸우지 않고 지낼 수는 있지 않을까?'

나는 편지 말미에 할머니가 즐겨 외우던 시를 적어 넣었다.

'아름다운 걸 보고 들으면

근심걱정이 없어도

사람의 마음이 저절로 끓어오르네.

그건 과거 어느 생에 맺어 놓은

향기로운 인연이 마음에서 되살아나기 때문이리라.'[21]

4

세를 가다듬은 영국군이 디마푸르에서 코히마를 향해 진격했다. 전력과 사기가 약해진 일본군은 쉽게 후퇴했다. 디마푸르·코히마 길이 뚫렸다. 디마푸르 종착역에 내린 보급품이 육로로 코히마와 임팔 지역으로 수송되었다. 화물 비행기를 통한 공수작전은 끝이 났다.

임팔의 연합군이 안정을 되찾는 동안 일본군은 고행의 연속이었다. 부자가 망해도 3년은 간다고 식량과 무기가 공급되지 않는 절망적인 상황에서도 일본군은 아주 오래 버텼다.

코히마에서 밀려나 주변 지역에서 대치하던 일본군 31사단은 군단 본부에 지원 요청을 계속했다.

'무기가 다 떨어졌음. 오늘 후퇴함.'

'후퇴하면 군사재판에 회부할 것임.'

'맘대로 하길. 나 혼자 무너지지 않을 것임.'

무타구치 사령관의 답전을 받은 31사단장은 후퇴를 결정했다. 인도에 침입한 이래 무기와 식량을 한 번도 받지 못한 터였다. 사단장은 군단 본부의 명령을 따를 이유가 없다고 생각했다. 5월 3일, 8만 명의 군인 중에 살아남은 1만여 명이 인도에서 후퇴하기 시작했다.

우리 전지선전대도 일본 제국의 몰락을 대놓고 말했다. 하릴없이 버티고만 있는 일본군에게 일본이 태평양과 버마전선에서 연합군에게 지고 있다는 뉴스를 지속적으로 알렸다.

'일본은 패했다. 투항하라!'

'어머니의 품으로 돌아가라!'

의욕을 잃은 일본군을 향해 일본 가요를 들려주고 향수를 자극하는 시도 낭송했다. 캉포크피 동북방의 고지에서는 선무 방송을 들은 일본군이 완전히 철수하는 큰 '사건'이 생겼다. 영국군 4군단 본부는 전지선전대가 적의 진지를 점령했다고 발표했다. 5월에만 절망한 일본군이 네 차례나 투항했다.

'오늘 식량이 떨어졌음. 지원 바람.'

'지원 없음.'

무타구치 사령관은 피도 눈물도 없었다. 무기도 식량도 없는 부하들에게 싸우라는 명령만 내렸다. 기계도 기름을 쳐야 돌아가고 소도 여물을 먹어야 일하게 마련이다. 그는 그야말로 막무가내였다. 무타구치의 무전을 가로채 영어로 번역하던 우리는 분개했다.

'손이 잘리면 발로 싸워라. 손발이 부서지면 이로 싸워라. 숨이 남아 있으면 영혼으로 싸워라.'

그게 일본군이었다. 대제국 일본의 속성이 투명하게 들여다보였다. 폭력으로 이뤄진 제국, 뭐라고 포장해도 본질은 그랬다. 힘을 써서 세력을 늘리고, 그렇게 키운 힘으로 가엾은 자기 나라 군인들과 다른 나라와 민족을 고통 속에 몰아넣었다. 그것이 소위 제국이었다.

대제국 일본의 태양이 저물어 갔다. 우리 동지들은 그 '지는 해'에 대해 말을 나누었다.

"일본이 힘이 없다면 여기까지 오진 않았겠지요?"

"단단한 나무가 부러지고 강한 군대가 망하는 법이에요."

"일본이 그 힘을 좋은 데 썼으면 얼마나 좋았을까요?"

나는 다시 마이크를 잡았다.

5월 중순이 되자 일본군의 상태는 더 나빠졌다. 인도에 들어온 3개 사단이 비슷했다. 꿈에라도 어머니를 만나고픈 병사들은 잠도 못 잤다. 너무 굶주려서 잠조차 오지 않았다.

일본군은 군대와 주변 마을의 가축까지 다 잡아먹었다. 무기도 떨어진 지 오래였다. 군인들은 싸울 힘도 없었다. 총을 들지 못할 정도로 기진맥진한 군인들이 기아와 말라리아의 합동작전을 받고 쓰러졌다. 레드힐 고지에서는 5만 명의 일본군이 한꺼번에 전사했다.

전쟁은 일본군 병사에게 의미가 없었다. 병사들 대부분은 먹을 것과 집에 갈 생각만 했다. 굶어서 지치고 부상당한 일본군은 싸우라는 명령을 어기고 먹을 걸 찾아 산으로 정글로 사라졌다. 패잔병이 된 그들은 길을 잃고 산속을 헤맸다. 절망이 독수리처럼 그들을 덮쳐눌렀다.

일본 제국이 이역만리에 내버린 군인들을 도운 건 가진 것 없는 산악 지대의 부족민이었다. 굶주리고 병에 걸린 일본군에게 먹을 걸 나눠 주고 다친 곳을 어루만졌다. 먹을 물도 구해 줬다. 여러 달의 포화로 생명을 가진 것이 다 사라진 정글과 산악 지대에선 먹을 것이 귀했다. 그래도 그들은 살아 있는 이방인을 도왔다. 어렵사리 구한 나물, 야생 열매, 깊이 숨겨 뒀던 곡식을 병사들의 손에 쥐여 주었다.

"사람인데 그 정도도 못 할까요?"

대를 이어 산에서 산 그들에겐 일본군이나 영국군이나 다 외지인이었다. 어느 날 문득 근대적 무기를 들고 나타나서 자기들의 땅이라고 서로 싸우는 양측을 다 이해할 수 없었다. 그럼에도 그들은 죽어 가는 사람들을 못 본 척할 수는 없었다.

그러나 그런 일이 영원히 계속될 순 없었다. 며칠 뒤에 허리가 온전치 않은 부족 남자 한 명이 허위허위 걸어서 영국군 부대를 찾아왔다. 높고 큰 아치형 부대 정문 앞에서 주저하던 그는 일본군의 은신처를 안다고 말했다.

"저기에 일본군이 있어요. 열 명이 넘어요."

곧 위크를 남쪽 언덕에 낙오되었던 일본군 14명이 출동한 영국군의 포로가 되었다. 귀한 정보를 들고 수십 리를 걸어온 부족민은 영국군의 포상을 한사코 사양했다.

"그냥 놔두면 군인들이 다 죽을 것 같았어요. 먹을 것도 떨어졌고요."

가엾은 군인들이 죽어 가는 것이 안타까웠다는 나이 든 부족 남자는 그들을 죽이지 말라고 부탁했다. 부탁이 아니라 애원이었다. 14명의 군인은 부족 남자의 덕에 굶어 죽지 않고 포로수용소로 보내졌다.

"그 사람들이 먹을 걸 줬어요. 곡식을 주고 푸성귀도 줬죠. 자기들도 먹을 게 없어서 굶으면서도……."

"버려진 우리에게 잘해 주는 걸 보면 진짜 좋은 사람들이에요."

전쟁터에서도 사랑은 아름다웠다. 난 두 눈을 비볐다.

인도에서 가장 더운 6월이 되었다. 연합군의 전단이 이 산 저 산에서 새처럼 나비처럼 날아다녔다. 6월 한 달간 무려 70여만 장의 전단이 일본군에게 뿌려졌다. 임팔전쟁이 막바지로 치달았다는 뜻이었다. 총칼전이 아닌 심리전이 효과를 내는 때가 그때였다.

"영국군 만세!"

우리 방송을 듣고 전단을 읽은 적군이 또 넘어왔다. 귀순자들은 배고픔과 말라리아의 공격에 지친 인도 국민군이 많았다. 누더기를 걸친 인도 군인들이 흰 수건을 든 손을 들고 죽음의 선을 가로질러 넘어왔다. 전쟁과 굶주림에 지쳐 몸은 앙상했고, 정신도 앙상했다. 적의 정보를 얻으려는 인도인 대원들의 노력은 별다른 성과를 내지 못했다.

"먼저 먹이고 심문은 나중에 합시다."

인도 국민군과 달리 일본군의 투항은 여전히 적었다. 패배를 목전에 두고도 항복을 수치라고 여겼다. 엘리트 교육을 받은 일본군 장교들은 항복보다 할복을 택했다. 병사들도 아군이 도착하기 전에 목을 맸다. 최후의 순간까지 폭력에 목숨을 바치는 그들의 문화가 다시금 섬뜩했다.

6월 중순 무렵에 우리 대원들은 전력에 금이 간 일본군의 무전을 또다시 가로챘다. 비센푸르에서 대치하던 일본군 15사단의 무전이었다.

'어제 사망자 다수. 지원 없이 사수 불가.'

'끝까지 싸워라.'

일본군 수뇌부의 답은 간결했다. 이미 오래전에 보급품과 군대를 지원할 힘을 잃은 일본군이 할 수 있는 건 죽음을 각오하고 싸우라는 말뿐이었다. 맨손으로 연합군을 상대하라는 건 달걀로 바위를 치라는 요구처럼 어리석었다. 전쟁은 그런 어리석음이 모여 길에 늘어졌다.

6월 22일, 선무 방송을 나갔던 우리 대원들의 눈에 옹기종기 모여 앉은 일본군 십여 명이 건너편에서 방송을 귀담아듣는 모습이 보였다. 멀리서 봐도 지친 모습이었다. 패잔병들이었다. 우리는 잠시 후에 다시 방송을 시작했다. 싸우지 않고 전쟁을 끝내고 싶었다.

"이제 우리에게 넘어와라. 마지막 동아줄을 잡아라!"

"오는 사람에겐 밥을 주고 잘 자게 해 줄 것이다."

일본군이 투항할 듯이 몇 걸음을 내디뎠다. 헤아려 보니 열두 명이었다. 그들의 몸에 걸쳐 있는 건 군복이 아니라 너덜너덜한 헝겊 쪼가리였다. 헌데 웬일인지, 그들은 바닥에 주저앉았다.

죽는 데도 용기가 필요하지만, 사는 데도 용기가 필요했다. 지난번 전투에서 그들만 살아남은 모양이었다. 우리는 전투식량 몇 봉을 일본군에게 던졌다. 우리의 목적은 저들의 죽음이 아니었다. 급히 전단지를 욱여넣어 내가 던진 깡통이 식량 봉지 옆에 떨어져 굴렀다. 우린 외쳤다.

"죽지 말고 살아! 개똥으로 굴러도 이승이 최고야!"

"일본의 꿈은 끝났다. 여러분의 전우들은 다 죽었다! 부디 살아남기를!"

7월이 되었다. 무타구치 사령관은 임팔 평원이 내려다보이는 산등성이에서 마지막 날을 맞았다. 천황의 궁전이 있는 동쪽을 향해 절을 올린 그는 기도문을 암송했다. 그러곤 인도에서 철수했다.

일본 제국의 석양이 짙어졌다. 4개월간 인도에서 꿈꾸던 무타구치의 헛된 꿈은 현실이 되어 깨졌다. 7월 8일까지 비센푸르, 코히마, 임팔 지역에 남은 일본군이 모두 후퇴했다. 살아서 인도를 떠난 일본군은 열 명 중 두 명뿐이었다. 나머지 여덟 명은 죽음과 함께 인도 땅에 버려졌고, 잊혀졌다.

일본군이 물러가자 우리 대원들은 격전지인 비센푸르 남쪽 고지를 찾아갔다. 우리가 수십 차례 선무 방송을 했고, 수만 장의 전단을 뿌린 장소였다. 미처 파묻지 못한 수천 구의 일본군 시체가 아무렇게나 너부러져 있었다. 일본군 15사단 60연대와 50연대가 머문 지역이었다.

100년 전부터 용맹함으로 영국의 신임을 받아 온 구르카 군대 120명이 그 장소에서 일본군 2,300명을 사살했다고 전해 들었다. 지치고 아픈 데다 사기까지 바닥인 일본군이 그들과 맞서는 건 불가능했다. 구르카 부대는 임팔에 근거를 둔 영국군의 슬림 장군이 칭송한 부대였다.

"절대주가 구르카인을 만들었어. 그들은 정말 이상적인 보병이야. 이상적인 소총 부대지."

인도를 지배한 영국은 지난 세기부터 히말라야 산악 지방 출신의 구르카인을 신뢰했다. 배우진 못했어도 에너지가 넘치는 군인 부족, 지능은 떨어지지만 용기가 높은 사람들이라고 제국의 팽창에 동원했다. 네팔 출신의 구르카 부대는 자유를 외치는 다른 지방 인도인의 운동을 냉정하게, 연민 없이 진압했다.

우리 전지선전대가 활동하도록 호위하는 군인들이 구르카 부대였다. 나는 처음에 인도 군대가 같은 카스트, 같은 인종, 같은 종교로 조직된 걸 이해하지 못했다.

"이이제이(以夷制夷) 정책이죠. 서로 다른 사람들이라 힘을 합치지 못하거든요."

펀자브 출신으로 이슬람을 믿는 펀자브 무슬림 부대, 시크교를 믿는 군인들이 모인 시크 부대, 라지푸트들로 구성된 라지푸트 부대가 그랬다. 전 부대원이 같은 종교를 믿고, 같은 언어를 쓰고, 같은 음식을 먹고, 같은 신을 숭배했다.

"그거 아세요? 그 부대의 장교들은 다 영국인이었다는 걸요. 뭐 지금도 그렇고요."

"서로 언어와 풍습이 달라서 하나로 묶을 수가 없는 거예요."

싸움을 잘해서 유명해진 구르카 부대에 죽임을 당한 이름 모를 일본군들의 시체를 이름 모를 새들과 곤충들이 파먹었다. 참호엔 목을 맨 채, 목에 총을 맞은 채 죽어 있는 부상병들이 많았다. 떠난 군인들이 뒤에 남을 부상병들을 죽인 것이었다.

"그렇게 하는 것이 자비라고 여겼을까요?"

누구도 대답하지 않았다. 한 일본군 병사의 시체 위에 우리가 보낸 전단이 덮여 있었다.

'영국군은 총도 많고 탱크와 군인도 많다. 일본군은 곧 후퇴할 것이다!'

푹푹 찌는 습기와 열기, 피비린내와 시체 썩는 냄새, 온갖 벌레와 곤충들이 뒤섞인 고지는 끔찍했다.

연합군이 가여운 황국신민들의 시체들을 대충 봉우리 주변에 파묻었다. 세상에 지옥이 있다면 거기가 바로 지옥이었다.

그날 밤 나는 끔찍한 그 광경과 모기들이 괴롭히는 바람에 새벽까지 잠을 설쳤다.

[19] 인도 동북지방 나가 산악 지대와 미얀마 친드윈 강 상류에 사는 여러 부족으로 티베트·버마어를 사용한다.

[20] 고대 인도의 시인 칼리다사(4~5세기)가 쓴 희곡 〈샤쿤탈라〉의 한 대목

[21] 간디의 본명은 모한다스 카람찬드 간디(Mohandas Karamchand Gandhi)이다.

4

인간의 법칙, 비폭력

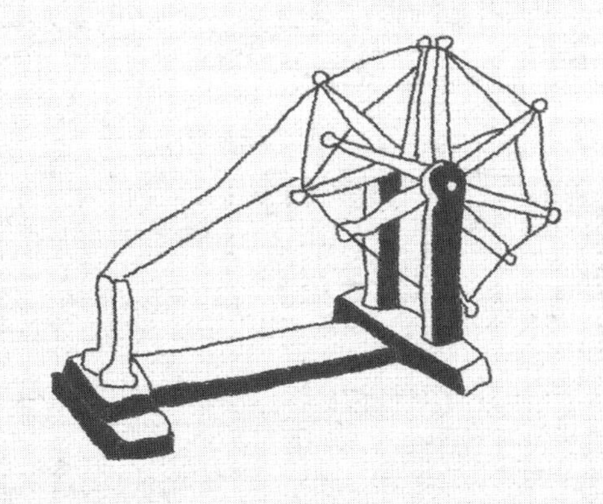

1

나는 사람의 본성이 사랑이라고 믿고 싶었다. 벌레 한 마리도 죽이길 꺼리는 것이 인간의 본성이었다. 민수에게 편지를 한 번 더 보낸 것은 그래서였다. 민수도 어쩌면 변하고 싶고 옛날로 돌아가고 싶은데 기회가 없는지도 모를 일이었다.

나는 할머니가 들려준 간디 이야기, 나중에 책에서 다시 읽은 감동적인 에피소드를 적은 편지를 일찍 등교하여 민수의 책상 서랍에 두었다. 민수가 좋아하는 초콜릿 두 개도 함께. 주저하는 맘이 있었으나 '적'과 화해하려면 용기가 있어야 한다고 맘을 다잡았다.

'민수에게, 내가 가장 좋아하는 이야기를 아래에 적어 보내. 그냥 한번 읽어 주길 바란다.

간디가 남아프리카에서 백인들의 유색인에 대한 인종차별과 맞서 싸울 때 그를 감옥에 잡아넣은 사람이 영국인 스머츠 총독이 었다. 스머츠는 존경하는 간디의 반대편에 선 자신의 운명을 아쉬워했다. 간디는 감옥에서 신발 만드는 걸 배워서 스머츠에게 주려고 신발 한 켤레를 만들었다. 그걸 선물로 받은 스머츠는 여러 해 동안 그 신발을 아껴 신었다. 훗날 스머츠는 그 신발을 간디 박물관에 기증했다.

그날 쉬는 시간에 복도에서 마주친 민수는 나를 보고 어정쩡한 표정을 지었다. 날 보고 웃진 않았으나 찡그린 얼굴도 아니었다. 전보다 그의 어깨가 밑으로 처진 것처럼 보였다.

'혹시 예전에 내 가방에 쪽지를 넣은 애가 민수였나?'

문득 그런 생각이 들었다. 그럴 가능성이 컸다. 나는 겨우 열여섯 살인 민수가 뼛속 깊이 나쁜 애는 아닐 거라고 믿고 싶었다. 그는 아직 모든 것이 어설픈 중학생이었다.

'민수도 친구들과 어울리고 분위기에 휩쓸리다 보니 여기까지 온 게 아닐까?'

나는 민수에게 희망을 걸었다. 왠지 모든 게 잘될 것 같은 예감이 들었다.

"넌 어떻게 그런 걸 엄마에게 알리지 않았어?"

내가 사랑으로 해결하려던 민수와의 관계는 실패로 돌아갔다. 학부모 모임에 참석한 엄마가 여러 단계를 거쳐 내가 따돌림과 폭력을 당한다는 사실을 알게 되었다. 영원한 비밀은 없었다. 이번에도 내 예감은 맞지 않았다.

"악의 뿌리는 도려내야 돼!"

엄마는 분노했다. 그리고 단호하게 행동했다. 학교에 찾아와 담임 선생님에게 학교폭력위원회를 열어 해당 학생들을 처벌하자고 말했다. 많이 배운 엄마의 논리적인 주장을 누구도 반박하긴 어려웠다. 나도 엄마의 말이 옳다는 걸 알았다.

"엄마, 이 문제는 저한테 맡겨 주세요."

"학교 폭력은 너 혼자만의 문제가 아니야!"

엄마는 상현이의 부모를 찾아갔다. 늦었으나 지금이라도 진상을 규명해야 한다고 설득했다. 힘을 모아서 진실을 밝히자고 덧붙였다. 전학을 간 학교마다 문제가 생기자 상현이의 부모는 상현이에게 홈스쿨링을 하기로 결정했다고 했다.

"애가 왜소하고 소심한 데다 그런 일이 자꾸 생기니까 이젠 주눅까지 들어서 학교에 나가고 싶지 않대요. 마음의 병이 깊어요. 아직도 자다가 깜짝깜짝 놀래곤 해요."

상현이의 엄마는 담담하게 설명했다. 그리고 이제 와서 아이들을 처벌하는 것이 무슨 소용이냐고 물었다. 기차가 지나간 뒤에 손을 드는 격이라고 소극적으로 대응했다.

"다른 애들이 피해 보는 걸 막아야지요. 여기서 침묵하면 나쁜 애들이 교실에서 활개를 칩니다."

엄마는 내가 따돌림과 괴롭힘을 당한 것이 자신의 탓이라고 여기는 듯했다. 갑자기 환경이 바뀐 어린 아들을 지켜 주지 못했다는 자괴감이 엄마를 더욱 열성적으로 그 일을 해결하게 이끌었다.

이상한 일이었다. 그동안 모른 척하거나 시치미를 떼던 아이들이 교실에서 일어난 폭력과 따돌림에 대해 순순히 털어놓았다. 명한이의 이야기도 나왔다. 교실을 주름잡던 민수와 그 일당이 이제 힘을 잃었다는 걸 간파한 모양이었다.

"한 번만 선처해 주세요. 우리 애가 본래 나쁜 애가 아니거든요. 친구들의 꾐에 빠져서 그랬대요."

민수 엄마는 과일 바구니를 들고 우리 집을 찾아왔다. 엄마는 완강하게 부탁을 거절했다. 애원하다가 협박하는 말까지 섞어 호소하던 민수 엄마는 집을 나가면서 악담을 했다.

"자식 가진 사람이 그러면 안 돼요! 제 자식이 언제 어떻게 될 줄 알고……."

'난 우리가 지나가야 할 시간을 잘 참아 내고 있어. 너도 그렇겠지?'

민수 엄마를 보니 명한이가 생각났다.

'명한이는 잘 지낼까?'

지속적으로 폭력을 주도한 것으로 드러난 민수는 퇴학을 당했다. 그를 교실에서 더 이상 보지 않아도 되는 건 다행이었다. 그래도 뭔가 씁쓸했다. 그보다 가해 정도가 떨어지는 아이들은 정학에서 근신까지 다양한 등급의 처분이 내려졌다.

"엄마, 한 아이의 인생이 걸린 문제예요!"

나는 엄마에게 민수를 봐달라고 여러 차례 매달렸다. 민수를 용서하고 싶다고, 그게 처벌보다 교육적이라고 떼를 썼다.

"네가 무슨 교육을 안다고 그래? 지금 용서했다가 그 애가 더 나빠지면 어쩌려고?"

"간디는 맨손의 농민에게 폭력을 행사한 경찰까지 용서했어요."

"뜬금없이 간디가 여기서 왜 나와?"

엄마는 문제가 잘 해결된 데에 만족하는 듯했다. 나는 그런 엄마가 불만이었다. 가방을 들고 떠나던 민수의 눈빛이 눈에 선했다. 그 눈빛은 슬퍼 보였다.

'미안해. 난 너한테 유감없어. 그래도 친구들을 배신할 순 없어. 이상한 말이지만, 파이팅!'

나는 내 가방에 들어 있던 쪽지가 생각났다. 그걸 민수가 보냈는지는 확실치 않았다. 그래도 민수를 그렇게 보내는 건 아니라는 생각이 들었다. 그에게서 미안하다는 말을 듣고, 나도 그에게 이렇게 되어서 미안하다는 말을 했어야 했다. 나는 냉정하면서도 분명하게 일 처리를 마친 엄마에게 고마움과 서운함이 동시에 생겼다.

'엄마랑 나는 맞지 않아!'

모든 걸 보듬어 주고 인정해 준 할머니, 내 응석과 짜증을 다 받아 준 할머니가 떠올랐다.

"우리 강아지가 삐쳤구나."

할머니는 웃으면서 그렇게 말했을 것이었다.

나는 학교로 가는 발길을 돌려 문수동으로 가는 시외버스에 올랐다. 태어나서 처음으로 가출을 하는 셈이었다. 차창 밖으로 연두색을 잃어버린 산, 산과 산 사이의 좁은 들판이 가을빛을 띠고 나를 따라왔다.

"꼭꼭 숨어라, 머리카락 보일라."

그날 난 우연히 외할머니 집의 부엌으로 들어갔다. 우연히? 아니다, 그렇진 않을 것이다. 세상에 우연은 없다지 않는가. 그날 숨바꼭질을 할 때마다 숨어들던 광으로 들어간 건 어쩜 필연인지도 모르겠다. 속상한 일이 이어져서 처음으로 가출을 하고 무작정 찾아간 시골집, 문수동의 빈집 마당에서 서성이던 내가 문득 할머니의 목소리를 떠올린 게 우연일 리 없다.

"우리 경훈이 어디에 숨었나?"

그랬다. 술래가 된 할머니는 나와 숨바꼭질을 할 때마다 큰 소리로 그 말을 여러 번 반복했다.

"어디에 숨었을까?"

(……)

그때 내 뇌리를 스친 것이 그 공간이었다. 나는 손을 더듬어 작은 쇠고리를 찾았다. 약간 녹이 슨 쇠고리를 오른쪽으로 잡아당기자 할머니가 보여 줬던 작은 보물 창고가 나타났다. 창고가 아니라 상자만 한 공간이었다. 순간 가슴이 철렁했다. 거기에 색 바란 작은 상자가 들어 있었다. 나는 떨리는 손으로 그걸 꺼내 바닥에 내려놓았다.

누런색 상자는 외형상 특별한 점이 없었다. 할머니의 장롱 위에 올려져 있던 여러 상자 중 하나로 보였다. 낯설지가 않았다. 나는 조심스레 뚜껑을 열었다. 황색 봉투와 공책이 나왔다. 공책에는 일기가 적혀 있었다. 언뜻 보기에는 일기라기보다 비망록이었다. 봉투 안에는 시간의 힘에 눌려 변색한 사진 한 장과 명함 크기의 증명서가 들어 있었다.

나는 상자를 들고 마당으로 나와 자세히 들여다봤다. 사진 속에는 군복을 입은 젊은 남자와 이가 빠진 나이 든 남자가 환히 웃고 있었다. 처음엔 구별이 어려웠으나 나는 곧 그들이 누군지 깨달았다. 젊은이는 오래전에 돌아가신 외할아버지였고, 나이 든 사람은 책과 영화에서 수없이 본 마하트마 간디였다. 사진 뒤에는 만년필로 '1945년

8월 21일, 델리에서'라고 적혀 있었다. 머리가 멍해졌다.

'할아버지가 어떻게 간디와 사진을 찍었지?'

놀랄 일이 하나 더 있었다. 사진과 나란히 햇빛 속에 모습을 드러낸 작은 종이쪽지는 훈장증이었다. 고급스럽게 두 개의 무궁화와 사방에 금박을 입힌 조그마한 증서에는 '은성 화랑무공 훈장증'이란 글자와 이규선이란 이름이 보였다. 분명히 외할아버지의 이름이었다. 뜻밖의 물건과 맞닥뜨린 나는 놀라서 털썩 바닥에 주저앉았다.

나는 평상에 앉아서 할아버지의 비망록을 펼쳤다.

2

"내 고향 7월은 청포도가 익어 가는 시절,

이 마을 전설이 주저리주저리 열리고,

먼데 하늘이 꿈꾸며 알알이 박혀."[22]

7월이 되었다. 군단 본부 연병장에 서 있는 나무들이 한층 푸르게 느껴졌다. 나는 광복군에 입대하기 전에 읽었던 시구를 중얼거렸다. 당장 돌아갈 수 없는 고향, 그곳의 여름날이 그리웠다.

"동지들 좋은 소식과 나쁜 소식이 있는데 어느 것부터 들을 거요?"

"좋은 소식부터 들어요."

"사령부에서 우리에게 휴가를 준답니다."

"나쁜 소식은요?"

"그것이 한 달뿐이라는 거죠. 하하."

"우와! 나쁜 소식이 더 좋은데요."

곧 우리 대원들에게는 캘커타에서 한 달간의 포상휴가가 주어졌다. 영국군 본부가 임팔작전이 성공하는 데 공훈을 세운 우리 선전 대원들을 잠시 쉬도록 결정했다. 사실 우리 대원들은 지난 네 달간 한시도 쉬지 못했다.

"동지들, 좋은 시간을 택해 떠나라. 시간은 너희들의 것이다. 가서 마음껏 너희들의 시간을 즐기도록."

대장은 우리에게 유쾌한 얼굴로 말했다. 우리도 소풍 가는 아이들처럼 들뜬 기분이었다.

"오, 캘커타!"

캘커타의 하우라 역에 도착한 우리는 다음 날 군단 본부의 정훈장교 로이의 안내를 받고 시내를 구경했다. 운 좋게도, 연락 업무로 캘커타로 돌아오던 그를 기차에서 만났다.

로이는 기꺼이 안내를 떠맡았다. 캘커타에서 태어나서 대학까지 마친 캘커타 토박이 로이는 가장 먼저 번화가 초링기의 인근으로 우릴 데려갔다. 사진이나 그림에서 보던 서양 건물이 숲속에서 모습을 드러냈다.

"이 지역은 영국의 런던을 본떴어요."

"인도에 있는 영국, 캘커타에 있는 런던이라니……."

"여러분의 나라 수도는 어떤가요? 일본 분위기가 나나요?"

"그렇죠, 뭐."

누군가 한숨을 쉬었다.

넓은 공원 메이단은 런던의 하이드파크를, 공원의 끝자락에 있는 성베드로 성당은 런던의 켄터베리 대사원을 모방했다고 했다. 잘 관리된 초록의 잔디밭으로 꾸며진 경마장, 그 옆에 우뚝 선 흰 대리석 건물도 눈에 들어왔다. 하얀 대리석 건물은 영국 빅토리아 여왕의 기념관이었다.

"캘커타에 오는 사람은 누구나 한 번씩 들르라고 만들었대요."

"누가요?"

"영국인 총독이요. 벌써 40년 전이네요."

"그래서 우리도 여기에 있는 건가요?"

로이의 설명을 듣다 보면 영국에 충성하는 군인 로이와 영국의 지배를 받는 식민지 인도인 로이가 그의 내면에서 갈등하는 것이 느껴졌다.

웅장한 건물 안에는 빅토리아 여왕이 인도의 황제를 겸한다는 선언문이 동판으로 새겨져 있었다. 여왕의 즉위식과 결혼식, 세례를 받는 장면이 담긴 사진들이 건물 안에 가득했다. 문득 학교 조회 시간에 일본 천황이 사는 왕궁을 향해 인사하던 기억이 떠올랐다. 가슴이 답답해졌다.

캘커타는 영국이 인도에 들어온 다음에 생긴 도시였다. 그래서 영국의 지배를 알려 주는 건물과 도로, 문화와 풍습이 도시 곳곳에 배어 있었다.

"인도는 오랫동안 운명의 힘에게 졌어요. 이제 새 운명을 만들어야죠."

로이는 씩씩한 목소리로 말했다. 우리는 약속이나 한 듯이 동시에 고개를 끄덕였다.

"우리도 나라를 되찾아야 하는데……."

"콩 심은 데 콩 나고 팥 심은 데 팥이 나겠지요. 지성이면 하늘도 움직인다잖아요."

"우리도 뿌린 만큼 거둘 겁니다!"

한 달의 휴가는 빛의 속도로 흘러갔다. 우리는 부대로 복귀하여 치타콩으로 이동했다. 델리에 있던 송 동지도 합류하였다. 나는 반가워서 그의 손을 한동안 맞잡았다.

버마 탈환작전이 시작되었다. 우리가 소속된 군대는 후퇴하는 일본군을 추격하면서 동남쪽의 버마 국경을 넘었다. 전세가 연합군에게 유리해지자 우리의 일과도 바빠졌다. 기존의 심리전 부대와 합쳐져 덩치가 커진 우리 부대는 일본군을 심리적으로 더욱 압박했다.

"일본 병사여, 제정신이 있다면 패전하기 직전인 바로 지금 항복하라!"

"일본의 떠오르던 해는 서쪽으로 지고 있다! 어둠이 오기 전에 무기를 버려라!"

인도에서 물러난 일본 제국은 이미 각지에서 패배했다. 그 반대로 연합군은 승리를 거듭했다. 8월에는 연합군이 버마의 북쪽 지역을 점령했다는 소식이 들렸다. 거기서는 미군과 중국군이 일본을 상대로 싸웠다. 동남아와 태평양 등지의 일본군도 연합군에게 쫓기는 입장이었다.

"버마로 갑시다!"

10월, 우리는 아라칸으로 진격했다. 때마침 지루하게 이어졌던 몬순이 물러났다. 습도는 줄었으나 버마의 정글은 여전히 무서웠다. 도마뱀, 온갖 조류와 야생동물이 일본군 저격병처럼 정글에 숨었다가 우리에게 덤벼들었다 어둠 속에서 슬쩍 다가와 독을 선사하고 사라지는 벌레들도 많았다. 나는 전쟁이 인간끼리의 싸움이 아니라 인간과 자연과의 싸움이란 걸 다시 한 번 절감했다.

"철학가 선생, 삶의 끝이 죽음인가요? 결국 죽음이 승자인가요?"

"오, 이 세상 최후의 승자는 시간이라오. 꽃처럼 아름다운 여인도, 씩씩하고 늠름한 장군도 시간이 지나면 다 죽으니까요. 시간 앞에는 우리는 무력한 인간이지요."

우리 부대 인도인 대원인 하누만타는 철학자이자 스님이었다. 우리는 그를 그렇게 불렀다. 남부 지방 브라만인 그는 시간 날 때마다 힌두 성서를 읽고 두 손을 공손하게 모았다. 내 눈에는 아주 낯선 힌두 신상 몇 개가 그의 침대 머리맡에서 운명을 지켜봤다.

"하누만타가 여러 신을 믿으니까 우리도 그 덕분에 안전한 거죠?"

"인간은 영원히 살지 못하기에 유한한 시간 속에서 많은 걸 이루려고 욕심을 내는 거라오. 그래서 이 전쟁도 시작된 거고요."

하누만타는 성자처럼 우리를 돌아보며 엄숙하게 말했다. 전쟁 중인 우리 곁에는 죽음이 항상 대기하였다. 곧 하누만타가 말한 최후의 승리자인 시간이 죽음을 데리고 우리를 찾아왔다. 1944년 12월 25일이었다.

"여러 동지들, 대장이 사망했답니다."

스펜서 대장이 교통사고로 죽었다는 소식이 오후에 알려졌다. 크리스마스를 맞아서 외부에서 점심을 먹고 돌아오던 중에 지프가 전복되는 사고를 당했다. 수많은 총알이 피해 갔던 그를 교통사고라는 죽음에게 빼앗겼다. 어디선가 셰익스피어의 햄릿처럼 고뇌하던 그의 목소리가 들리는 듯했다.

"사느냐 죽느냐, 그것이 문제로다. 참혹한 운명의 화살을 맞고 마음속으로 참아야 하느냐, 성난 파도처럼 밀려오는 고난과 용감히 맞서 그것을 물리치느냐? 어느 쪽이 더 고귀한가?"

그는 고귀한 사람이었다. 용기와 연민, 지성과 충성심도 가졌다.

평화로울 때 학교나 직장에서 친구나 동료로 만나면 좋을 법한 그런 사람이었다. 그의 죽음을 알게 된 선전대 대원들은 오후 내내 아무 말도 하지 않았다. 울지도 못했다. 여기는 전쟁터, 날마다 수많은 군인이 사라지는 죽음의 세상이었다. 게다가 우린 군인이었다.

"아리라앙, 아리라앙!"

우리에게 아리랑을 한 소절 배운 스펜서 대위는 가끔 틀린 음정으로 그 노래를 불러 우리에게 웃음을 주었다. 전쟁터에서 책을 한 궤짝씩 갖고 다닌 그는 기자 출신답게 틈틈이 전쟁터의 일상을 기록했다. 그 많은 책과 그가 쓰던 미완의 원고는 어디론가 사라졌다. 그 행방이 궁금할 정도로 우리는 한가롭지 않았다.

"대장님이 가시에 찔려야 장미꽃을 얻을 수 있다고 했잖아요. 대장의 희생으로 우리는 승리할 거예요."

"동지들, 기운 냅시다."

새로운 부대장이 왔다. 바실 블랙우드였다. 얼마 전까지 인도 총독을 지냈던 더퍼린 경의 손자였다. 처칠 수상의 내각에서 각료를 지낸 블랙우드는 지난해 5월에 참전했다. 버마에서 일본군의 가장 중요한 거점인 만달레이의 더퍼린 요새는 그의 할아버지의 이름이었다. 귀족의 후손인 그는 집안의 이름으로 전쟁을 멀리할 수 있었지만, 진실한 그는 그러지 않았다.

"노블레스 오블리주!"

"대장님의 집안과 이력이 대단하더라고요."

"모든 걸 다 가진 그를 전쟁터로 이끈 건 무엇일까요?"

검은 머리칼을 가진 35세의 신임 대장은 스펜서 대장처럼 옥스퍼드대학을 나왔고, 책 읽는 걸 좋아했다. 전쟁터만 아니라면 나는 그와 밤새 문학을 이야기하고 싶었다. 블랙우드 대장의 배낭에는 늘 아가사 크리스티의 추리소설 한 권과 에드워드 기번의《로마제국 쇠망사》가 들어갔다. 대장은 외모도 잘생겼지만 속도 영국 신사였다.

"탱크에 박격포까지 단 셈이죠. 대장은 모든 걸 가졌어요."

"그런데도 거만하지 않아요."

총칼을 쓰는 전선에서 적군의 마음을 움직이는 우리는 폭력의 위험에 노출되었다. 적군과 죽음이 우리 주변에서 함께 움직였다. 나는 임팔의 위크룰에서 일본군으로부터 겨우 20미터 떨어진 곳에서 방송한 적도 있었다. 상대의 표정까지 보였다. 정글이 이어진 버마는 그 인도 전선보다 위험했다. 산악 지대인 임팔과 달리 불교 유적이 많은 버마의 벌판에는 우리를 은폐할 곳이 마땅치 않았다. 게다가 우리는 아군의 선봉에 섰다.

그 위험이 1945년 3월에 나티신을 찾아왔다. 버마의 제2 도시 만달레이의 불교 사원 근처였다. 영국군이 일본군의 강력한 저지선을 뚫고 도시를 장악하는 도중이었다. 큰 나무 위에서 망원경으로 적의 움직임을 살피던 나티신은 일본군이 쏜 기관총을 맞고 큰 부상을 입었다. 병원에서 치료를 받던 그는 이틀 뒤에 세상을 떠났다. 40세의 젊은 나이였다.

"한국광복군입니까?"

"그렇습니다."

반바지를 입은 아담한 체구의 나티신을 캘커타의 덤덤 공항에서 처음 만났을 때가 생생하게 기억났다. 그가 없는 광복군의 활동은 상상할 수도 없었다. 우리 동지들은 태극기를 들고 그와 함께 찍은 사진을 보며 슬픔을 나눴다. 멀리 녹색 벌판을 가로지르며 이리와디 강이 흘러가고 있었다.

"아이들은 이 소식을 듣고 얼마나 놀랄까요?"

"우리가 위로의 편지를 보냅시다."

나티신은 인도에 와서 영국군에 자원입대했으나 본래 전쟁보다 평화를 믿는 사람이었다.

"나는 전쟁보다 평화, 폭력보다 비폭력적인 해결을 좋아합니다. 이솝우화 알지요? 누가 힘이 센지 알아보려고 행인의 옷을 벗기는 시합을 벌였던 〈바람과 해님〉 이야기 말이에요. 따듯한 햇빛이 사람의 마음을 움직여요."

우리 대원들의 마음을 움직인 나티신은 그렇게 떠났다. 그리고 이틀 뒤에 또 다른 죽음이 우리를 기다리고 있었다. 블랙우드 대장이 죽음의 덫에 걸려든 것이었다. 3월 25일이었다. 정글에 숨어 있던 일본군에게 기습을 당한 대장은 그 자리에서 사망했다. 수천 개의 불탑이 서 있는 유적 도시 바간에서 20리 정도 떨어진 곳이었다.

"우린 앞이 탁 트인 곳에서 방송을 했어요. 그때 대장이 가슴에 적의 총을 맞고 비틀거리다 쓰러졌습니다. 일어나려고 애를 썼지만 곧 일본군이 밀려왔어요. 우리는 그를 데려오지 못하고 후퇴했지요."

현장에 있던 송 동지는 대장의 죽음을 본 터라 남보다 더 아파했다. 불행하게도, 블랙우드의 시체는 찾지 못했다. 그날의 전쟁은 잘생기고 돈 많은 대장과 이름 모를 일본군 병사들을 한꺼번에 데려갔다. 전쟁은 모든 사람을 흡수하는 블랙홀이었다.

블랙우드 대장과 만나자마자 이별했으나 우리 대원들은 이번에도 슬퍼할 시간이 많지 않았다. 선전대는 이동방송 장비를 들고 아군의 진지로 이동했다. 우리는 전쟁을 끝내고 싶었다. 곧 총알받이가 될 가엾은 일본 병사들도 살리고 싶었다.

"일본군 여러분, 죽어서 야스쿠니 신사에 갈래요, 살아서 어머니에게 돌아갈래요?"

"패전이 얼마 남지 않았으니 죽지 말고 살아남아요!"

일본이 시작한 전쟁이 막을 내리는 중이었다. 한때 세계 최고를 자처하던 일본군은 최악의 처지에 다다랐다. 5월에는 버마의 수도 랭군이 연합군의 품안으로 떨어졌다. 적을 설득하다가 그 소식을 들은 우리는 '만세'를 불렀다. 우리가 강한 군대, 탐욕적인 제국의 몰락에 한몫했다는 뿌듯함이 들었다.

"만세! 만세! 만세!"

나와 대원들은 군함을 타고 캘커타로 돌아왔다. 유럽에서는 독일군이 연합군에게 항복했다는 소식이 들렸다. 이제 일본이 한국에서 물러갈 일만 남았다. 희망은 우리 편이었다.

3

우리는 캘커타로 돌아왔다. 대원들은 영국군 사령부 포트윌리엄에서 적의 문서를 검토하고 정세를 분석하는 일을 맡아 했다. 몬순이 한창인 캘커타는 온대 지방 출신의 우리 대원들을 다시 괴롭혔다. 비가 오자 모기가 물러가지 않는 일본군처럼 극성을 부렸다.

"캘커타를 봐서 기뻐요. 이제 캘커타를 다시 안 봐도 되니까요."

젊은 시절에 캘커타에 왔던 윈스턴 처칠은 영국에 있는 어머니에게 이런 편지를 보냈다고 들었다. 젊을 때부터 인도를 싫어한 모양이다. 유럽인들은 처칠처럼 캘커타를 더럽고 냄새나는 도시라고 깔봤다. 휴가를 나온 유럽인 군인들은 대개 그런 입장이었다.

일본인들이 우리나라를 미개한 나라라고 말하는 걸 들으며 자란 나는 그 점에 있어 캘커타를 변호하고 싶었다. 문명과 야만은 단지 시간의 차이였다. 시간이 지나면 캘커타도 번듯한 도시로 변할 것이었다. 다만 내가 캘커타에서 아쉬운 것은 영국 문화와 벵골 문화가 적당히 악수하며 마주 선 기이한 풍경이었다.

"내 뜻대로 살 수 없는 게 약자의 비극이죠."

"경성이나 여기나 비슷해요. 경성도 일본색이 잔뜩 스며들었잖아요."

경성에서 전문학교에 다니다가 광복군에 입대한 나는 대원들을 설득하여 캘커타대학이 있는 대학로를 찾았다. 비가 추적추적 내리는 금요일 오후였다. 19세기 초반에 문을 연 대학의 구석에는 백 년이 넘은 때와 먼지가 숨어 있었다.

캘커타대학은 노벨 문학상을 받은 타고르가 다녔던 대학이었다. 1930년 '라만 효과'로 노벨 물리학상을 받은 라만 박사도 같은 대학의 교수일 때 상을 받았다. 1913년 힘없는 식민지 인도의 시인이 노벨 문학상을 타자 인도인은 환호했다. 우리나라와 모든 아시아인이 자기 일처럼 기뻐했다.

대학 건물 벽에는 긴 수염과 긴 머리카락을 가진 타고르의 사진이 몇 군데 붙어 있었다. 그는 4년 전인 1941년에 세상을 떠났다.

대학 앞의 도로에는 전차가 오갔다. 도로 양쪽은 간이 책방이 늘어섰다. 내가 알아볼 수 없는 벵골어로 나온 책과 내가 읽을 수 있는 영어책들이 반반이었다.

"여기 사람들은 문학을 좋아합니다."

책방 주인이 군복을 입은 낯선 생김새의 우리에게 말을 붙였다.

"어디 사람이죠? 중국인?"

"한국인입니다."

그는 모르겠다는 얼굴로 우리를 빤히 쳐다보았다.

"타고르의 시집을 주세요."

"문학으로 세계에서 일등을 먹은 분이죠. 벵골 사람들의 자랑입니다. 우리 서점에도 타고르 선생이 책을 사러 왔더랬지요."

뻔히 보이는 거짓말이었으나 거기엔 뿌듯함이 수북하게 얹혀 있었다.

부대로 돌아온 나는 타고르의 영어 시집에서 〈바닷가에서〉라는 시를 골라서 대원들에게 읽어 주었다.

무한한 세계의 바닷가에서 어린이들이 모입니다.

무궁한 하늘은 머리 위에서 고요히 멈추었고 쉴 줄 모르는 물은 사납게 날뜁니다.

무한한 세계의 바닷가에서 어린이들이 모여 외치고 춤을 춥니다.

어린이들은 모래로 집을 짓고 조개껍질로 놀이를 합니다.

마른 나뭇잎으로 배를 꾸며 웃음 지으며 나뭇잎 배를 넓은 바다에 띄웁니다.

어린이들은 세계의 바닷가에서 놀이를 합니다.

"타고르의 시집은 우리나라에도 나왔어요. 책 제목이 《초승달》인가 그럴 걸요."

"우리나라 신문과 잡지에 자주 등장한 인도인 중 한 사람이 타고르예요. 마하트마 간디만큼이나."

"그 말을 들으니 얼른 고향에 가고 싶어요."

하늘이 우리의 바람을 들었는지 며칠 뒤에 일본이 항복을 선언했다. 8월 6일, 첫 번째 원자폭탄이 일본에 떨어지고, 며칠 뒤에 두 번째 폭탄이 투하된 뒤였다.

전쟁이 끝났다. 8월 15일, 우리 대원들은 캘커타에서 꿈에 그리던 조국의 광복을 맞이했다.

"만세! 아무리 외쳐도 좋아요!"

"대한 독립 만세!"

우리 동지들은 손을 마주 잡고 기쁨을 나눴다.

'이 순간부터 더 좋은 세상이 오길 진정으로 바랍니다.'

항복문서에 서명한 연합군의 맥아더 장군은 그렇게 말했다. 나는 일본이 물러간 우리나라에도 더 좋은 세상이 올 거라고 믿고 싶었다.

"대한 독립을 축하합니다!"

영국군은 우리에게 전후 처리에도 협조해 달라고 요청했으나 우리는 중국으로 돌아가기로 했다. 해방된 조국에 하루빨리 가 보고 싫었다. 가슴이 벅차올랐다. 전쟁터에서 보낸 지난 시간이 활동사진 처럼 내 눈앞을 스치고 지나갔다.

인도를 떠나기 전 내게는 하고픈 일이 하나 남아 있었다. 나는 대원들에게 3일만 시간을 달라고 말하곤 델리로 가는 기차를 탔다. 중국으로 돌아가기 전에 간디를 만나고 싶었다. 피와 땀, 폭력과 죽음으로 뒤범벅이 된 전쟁터를 오가면서 문득문득 간디가 가르친 '비폭력'이 떠올랐다.

"그에게는 무엇이 있을까?"

간디를 만난 사람들은 모두 다 그를 칭송했다. 금세 그에게 반해 버렸다. 간디를 싫어하고 그의 의견에 반대하는 사람들도 그를 한 번 만난 뒤엔 간디의 진실에 감동받고 존경심을 나타냈다. 인도에 왔던 영국인 총독들이 다 그랬다. 군대와 경찰을 가진 그들은 막강한 힘을 가졌으나 아무것도 없는 간디에게 심리적으로 졌다.

"간디는 신과 같은 사람이죠. 당신과 나는 인간이고요. 그래서 그는 이겼고 우리는 진 거예요."

1942년, 간디가 감옥에 있을 때 처칠 수상을 만난 스머츠가 한 말이다. 그는 남아프리카에서 총독을 지낼 때 젊은 시절의 간디와 큰 갈등을 빚었다. 간디를 여러 번 감옥에도 잡아넣었다. 간디는 남아프리카에서나 지금이나 돈과 직위가 없는데도 모두에게 경외감을 주었다.

작년에 감옥에서 석방된 간디는 요즘 델리에 있는 비를라 하우스에서 지냈다. 비를라 하우스는 우리가 작년에 훈련을 받았던 레드포트에서 멀지 않았다. 면담을 신청하고 기다리는데 가슴이 떨렸다. 사진에서만 본 위대한 인물을 만난다는 기쁨이 맘속에서 봉긋봉긋 솟아났다.

"간디의 눈에서는 진실이 묻어났어요. 법 없이도 살 사람, 성자라는 느낌 같은 거죠. 진심으로 사람을 사랑한다는 걸 알겠더라고요."

연설하는 간디를 기차역 승강장에서 잠시 봤다는 군대 동료도 비슷한 말을 했다.

'그는 살아 있는 사람일까?'

모든 것이 궁금했다.

안내를 받아 안으로 들어가니 여윈 몸을 한 장의 옷감으로 감싼 간디가 양반다리를 하고 앉아 있었다. 알 수 없는 위엄이 그에게서 퍼져 나왔다.

"코리아에서 왔다고? 그런데 영국군 군복을 입었네요."

"네, 지난 2년간 영국군 소속으로 일본군과 싸웠습니다."

"호, 그래요? 나쁜 제국을 이기려고 나쁜 제국을 이용했구먼."

간디가 빙그레 웃었다. 아이 같이 선한 얼굴이었다. 나도 모르게 긴장이 풀렸다.

“저와 대원들은 총칼을 쓰지 않았습니다. 선전대에 있었거든요. 무기를 들지 않고 적의 마음을 움직이는 전술을 썼어요. 비폭력적인 작전이었습니다.”

“일본의 제국주의를 끝낸 히로시마의 원폭 투하는 좋은 폭력인가요?”

나는 갑자기 날아온 질문에 말문이 막혔다. 폭력으로 자유를 얻지 않겠다던 간디의 말이 기억났다.

“좋은 폭력은 우리를 유혹하죠. 히틀러를 죽이고 싶어 하는 사람이 많았어요. 그를 죽이는 건 좋은 폭력일까요? 원자폭탄을 맞고 몇 사람이 죽었나요?”

“비폭력이 폭력 앞에서 큰 힘을 낼 수 있을까요?”

나는 간디의 물음에 답하지 않고 내가 궁금했던 걸 물었다. 전쟁터에서 고민하던 문제였다.

“무력으로 얻은 승리는 그저 한때의 승리에 지나지 않아요. 더 힘센 나라가 생기면 또 전쟁이 날 테니까요. 이번에 원자폭탄이 떨어졌다는 소식을 듣고 나는 비폭력의 중요성을 깊이 느꼈어요. 죽을 때까지 비폭력을 전파하며 살 거요.”

“오래오래 사십시오.”

“할 일이 많아서 125세까지 살고 싶소. 인도에 새로운 세상이 세워지는 걸 봐야지."

간디를 만나려는 사람이 줄을 이어서 내 차례는 그것으로 끝이 났다. 나오기 전에 간디와 사진을 한 장 찍는 것으로 소망하던 면담이 끝났다. 너른 잔디밭과 대문 밖에는 간디를 보려는 많은 사람이 8월의 땡볕을 이고 기다렸다.

그제야 나는 힘이 신체에서 나오는 것이 아니라 의지에서 나오는 것임을 깨달았다. 간디와 같은 사람이 있어서 세상이 좀 더 살 만한 곳이 되는 거란 생각이 들었다.

9월 15일, 우리는 캘커타를 떠나 중경으로 무사히 귀환했다.

4

난 할아버지의 비망록을 단숨에 다 읽었다. 그제야 난 할머니가 나에게 간디 이야기를 왜 그렇게 많이 들려줬는지를 알게 됐다. 할아버지는 간디와 큰 인연이 있었고, 평생 그를 존경했던 모양이었다. 할아버지를 존경했던 할머니도 자연스럽게 간디를 좋아했던 듯했다.

난 사진을 찬찬히 들여다보았다. 군복을 입고 모자를 쓴 할아버지가 새삼 멋있게 보였다.

"넌 돌아가신 할아버지의 눈매를 닮았어."

할머니는 종종 그렇게 말했다. 나와 살게 된 엄마도 어느 날 저녁밥을 먹다가 나를 쳐다보면서 같은 말을 했다.

"넌 할아버지를 빼닮았어."

엄마는 그렇게 말하곤 한동안 말이 없었다. 할 말이 많을 때 나오는 엄마의 이상한 버릇이었다. 엄마가 돌아가신 할아버지에 대해 좋은 기억을 갖고 있지 않다는 건 일찍이 눈치로 알았다. 엄마는 할아버지가 딸에게 살뜰하지 않았고, 하나뿐인 딸의 미래에도 관심이 없었다고 불만이 많았다.

"사람은 서울로 보내고 말은 제주로 보내라는 말도 있어요."

할머니는 철이 든 뒤에 엄마가 서울에서 문수동 산골로 이사한 걸 못마땅하게 여겼다고 말했다.

"내가 초등학교부터 서울에서 공부했으면 인생이 달라졌을 거야."

엄마는 오십이 다 된 지금도 그렇게 섭섭해 했다. 사실 엄마는 그만하면 성공한 축에 속했다. 공부도 많이 했고, 돈이 없어서 빌려야 할 처지도 아니었다. 그래도 엄마는 더 큰 것, 더 좋은 것을 더 많이 갖지 못하는 자신을 아쉬워했다.

여섯 살부터 문수동에서 할머니와 살게 된 나는 엄마보다 할머니를 많이 닮았다. 할머니와 더 친했다. 엄마와 보낸 시간보다 할머니와 산 시간이 더 많으니 어쩜 당연한 일이었다.

할머니와 나는 친구처럼 지냈다. 지금 와서 생각해 보니 그건 할머니가 내게 일방적으로 져 준 거였다.

"경훈아, 우리는 마음의 나이가 동갑이야. 알았지?"

난 할아버지를 본 적이 없지만, 할머니가 늘 좋게 말했기 때문에 좋은 사람이라고 상상했다. 지금 내 앞에 있는 사진 속의 할아버지는 내가 상상했던 것보다 훨씬 더 멋있었다.

젊은 시절의 잘생긴 할아버지의 옆에는 동그란 안경을 쓴 간디가 웃고 있었다. 할머니가 어렸을 때 수수깡으로 만들어 줬던 것과 비슷한 안경이었다. 간디는 이가 거의 다 빠진 입을 활짝 벌리고 웃었다. 누구에게도 해를 끼치지 않을 것 같은, 갓난아기처럼 천진난만한 웃음이었다. 얼굴과 손에 주름이 자글자글하던 할머니의 웃음과 닮아 보였다.

나는 할머니가 즐겨 앉던 평상을 손바닥으로 쓸었다. 여름내 주인 없이 햇빛과 비바람을 홀로 견딘 평상의 표면은 거칠거칠했다.

할머니가 돌아가신 뒤에 이 집을 어떻게 할 것인가를 두고 가족들이 모여 회의를 열었다. 그때 회의장에서 자격이 떨어지는 내가 가장 목소리를 높였다.

"그대로 둬요. 방학 때 놀러 올래요."

"이제부터 공부해야 하는데 언제 오려고?"

그 순간에도 엄마는 공부를 말했다. 엄마의 머릿속엔 온통 공부로 가득한 듯했다. 할머니는 그러지 않았다. 세상에는 공부보다 중요한 게 많다고 했다.

"애들은 놀아야 돼. 어른이 되면 놀지도 못하는데."

할머니와 내가 사는 집은 동네에서 서울집이라고 불렸다. 시골할머니였지만, 서울집의 주인인 할머니는 평범하지 않았다. 할아버지의 비밀을 나와 엄마에게 감쪽같이 감춘 점만 봐도 할머니는 보통사람이 아니었다.

엄마는 할아버지의 젊은 날을 잘 몰랐다. 광복군이었다는 것, 할아버지가 6.25 참전용사인 것, 훈장을 받은 훌륭한 군인이었다는 사실을 알지 못했다. 한 번도 그 얘기를 내게 해 준 적이 없었다. 우리가 아는 할아버지의 역사는 할머니와 만나고 나서 시작되었다.

할아버지는 엄마가 열한 살 때 돌아가셨다. 그해부터 엄마는 혼자 서울에서 공부했다. 혼자 산 건 아니었다. 할머니의 여동생인 이모할머니의 집에서 얹혀살았다고 했다. 엄마한테 들은 이야기에 따르면, 엄마는 할아버지가 돌아가시자 더는 시골에서 살기 싫다고 떼를 썼다. 할머니는 며칠을 고민하다가 엄마를 서울에 유학 보내기로 결정했다.

할아버지와 달리 할머니의 역사는 나와 엄마도 잘 알았다. 할머니가 열다섯 살 연상의 할아버지와 결혼하기 전에 일본 유학을 다녀왔다는 것, 할머니가 신여성이었다는 정도였다.

"할머니는 할아버지와 연애결혼 했어요?"

"그럼, 내가 노총각인 할아버지를 구제했지."

"몇 살이었는데요?"

"할아버지가 서른여덟, 내가 스물셋이었어."

"할머니가 구제해 준 게 맞네요, 하하."

서울의 한 여자중학교에서 학생을 가르치다가 할아버지를 만난 할머니는 10년 뒤에 외동딸인 우리 엄마를 낳았다. 엄마가 세 살 때 할머니는 학교를 그만두고 시골로 이사했다. 할아버지의 바람이었다. 두 사람은 한적한 문수동에 집을 짓고 잘 살았다. 동화의 결말처럼 그래서 그들은 그 후에 잘 살았다.

그리고 많은 시간이 지났다. 이제 내가 할아버지의 사진을 들고 여기에 앉았다. 할아버지의 이름이 적혀 있는 훈장증은 오랜 시간이 지났음에도 금박이 선명했다. 할아버지의 성함을 적은 검은 글자도 또렷했다. 나는 작은 훈장증을 가슴에 안았다. 더할 나위가 없는 할아버지의 인생이 가슴에 전해졌다.

"그래, 할아버지는 훈장을 받고 싶지 않았던 거야."

애국을 대가를 바라고 하는 건 아니었다. 미성년자인 내가 모든 걸 헤아릴 수는 없지만, 난 할아버지를 이해할 수 있을 것 같았다. 무공훈장을 받은 할아버지가 그 명예를 묻어 둔 채 시골에 묻혀 살다가 세상을 떠난 이유가 어렴풋이 짐작되었다. 민수와의 화해를 생각하며 일기에 적었던 간디의 말이 떠올랐다.

'사티아그라하의 사전에는 '적'이라는 단어가 없다.'

사티아, 진리를 지키고 옳은 걸 위해 싸운 간디, 폭력을 쓰지 않고 적까지 사랑한 간디를 존경한 할아버지가 훈장을 자랑할 수는 없었을 것이다. 할아버지에게는 그것이 큰 전투에서 많은 적을 죽이고 살아남았다는 증명이었다. 아마도 할아버지가 훈장을 가슴에 묻고 시골로 내려간 이유가 거기에 있을 것이었다. 그 바람에 내 손에 든 이 작은 훈장증도 60년이 넘게 잠들어 있었다.

"할아버지, 고맙습니다."

나는 할아버지가 앞에 있는 것처럼 고개를 숙였다. 뵌 적이 없는 할아버지가 나의 머리를 쓰다듬는 것 같았다. 할아버지와 많은 사람의 용기와 희생으로 우리나라가 평화를 되찾았다는 사실이 실감 났다. 간디의 말대로, 전쟁을 치르지 않고 평화를 얻었다면 좋았겠으나 인간 세상에서는 그것이 쉽지 않다는 걸 나도 올해 봄과 여름을 보내면서 깨달았다.

'국가 간의 전쟁에서 작게는 우리 또래끼리의 싸움까지, 우리는 얼마나 많이, 얼마나 자주 힘으로 남을 누르고 괴롭히는가?'

나는 평화가 소중하다는 것을 지난 여러 달의 경험으로 알게 되었다. 평화를 깨고 싸움을 부르는 것이 인간의 이기심이라는 것도 알았다.

나는 사진 속의 간디를 다시 들여다보았다. 그는 이 사진을 찍은 지 2년 반 만에 폭력으로 세상을 떠났다. 한평생 사랑을 가르친 간디가 자신을 미워한 사람의 손에 총을 맞고 죽었다. 할머니는 내게 간디가 죽으면서도 폭력의 위험을 만방에 알렸다고 설명했다.

"간디는 전쟁으로 물든 이 세상의 예언자였어. 간디에게 총을 쏜 사람은 비겁했지. 목적이 순수하다면 수단도 순수해야지."

지금 생각하니 문수동 할머니야말로 좋은 사람이었다. 모든 걸 버리고 오직 할아버지의 뜻을 따랐던 할머니였다.

가슴이 울컥했다. 간디가 사람의 심장을 울렸다는 할아버지의 글이 가슴에 와 닿았다. 간디는 소금 한 줌, 물레를 돌리는 실 한 뭉치로 수많은 인도인을 웃기고 영국인을 울렸다. 비망록 속에 나오는 젊은 날의 할아버지, 간디처럼 사람의 마음을 움직이려고 전쟁터를 누볐던 할아버지와 그 할아버지를 사랑한 할머니가 나를 울컥하게 만들었다.

그러자 나를 괴롭혔던 민수가 생각났다. 내 문제로 속이 상해서 퉁퉁 부은 엄마의 얼굴도 떠올랐다. 내가 보낸 지난 몇 달의 우리 학교 교실이 할아버지가 있었던 정글 속의 전쟁터처럼 여겨졌다.

'전쟁터가 아닌 이 평화로운 세상에서 왜 나와 민수는 다퉈야 할까? 왜 나는 엄마와 갈등을 빚어야 할까?'

나는 사진과 훈장증, 할아버지의 비망록을 부서질세라 살살 어루만졌다. 할아버지의 뜻, 할머니가 내게만 알려 준 비밀을 고이 간직하고 싶어졌다. 나는 상자를 들고 부엌으로 내려섰다.

"이제 나는 열여섯 살, 10년 뒤의 나는 어떤 모습일까?"

할아버지는 이십 대의 좋은 나이를 광복군으로, 6.25 참전용사로 나라를 위해 아낌없이 썼다. 잠시 이십 대의 나를 상상해 보았다. 할아버지처럼 국가를 위해 나를 던지는 용감한 남자가 되기는 어려울 것 같지만, 그래도 한 가지는 분명하게 말할 수 있다. 적어도 비겁하게 살지는 않겠다는 것, 남과 비교하지 않고 내 나름의 길로 나아가겠다는 것이다. 그리고 10년이 지나면, 나는 다시 이 상자를 열고 할아버지에게 인사를 올릴 것이다.

나는 사진과 훈장증이 담긴 상자를 판자벽 공간에 집어넣었다. 서쪽 벽에 난 작은 구멍으로 햇살이 가느다랗게 광으로 새어들었다.

나는 마당으로 나와 엄마에게 전화를 걸었다.

"여보세요! 경훈이니?"

전화기 저편에서 반가운 엄마의 목소리가 들렸다.

[22] 이육사 시인의 〈청포도〉 일부

부록

간디 소개
(Mahatma Gandhi, 1869~1948)

간디는 20세기가 낳은 지구 상의 가장 위대한 인물로 꼽힌다. 그는 돈이 많거나 지위가 높은 사람이 아니고, 힘을 가진 장군이나 야심 많은 정치가도 아니었다. 키도 작고 몸집도 크지 않은 그는 번듯한 옷 한 벌을 걸치지 않은 채 동분서주했다. 그런 맨손, 맨발의 간디가 '위대한 영혼'으로 불리며 지난 세기를 대표하는 인물이 되었다.

그렇다고 간디가 떡잎부터 특별했던 것은 아니었다. 그는 인도에서 영국의 식민 통치가 전성기를 누리던 1869년 10월에 서해안의 작은 왕국에서 태어났다. 어린 시절의 간디는 겁 많은 시골 소년이었고, 학교에서는 친구들과 잘 어울리지 못했고, 공부도 잘하지 못했다. 집에서 물건을 훔치고 부모님을 속인 적도 있었다. 그래도 간디가 남달랐던 한 가지는 어렸을 때의 결심을 한평생 실천하려고 노력했다는 점이다. '진리'를 다룬 연극을 본 소년 간디는 앞으로 진실만 말하고 진리를 지키겠다고 다짐했다. 어린 마음에 잠시 도둑질을 하고 부모를 속였으나 곧 반성하고 진실을 털어놓은 간디는 이후 옳지 않은 걸 따르지 않고 진리를 추구하는 삶을 이어갔다.

1888년, 영국에 유학하여 법을 공부하고 변호사의 자격을 얻은 간디는 1891년 7월에 인도로 돌아왔다. 그는 봄베이에서 활동했으나 수줍은 성격으로 변호사로서 성공하지 못했다. 그러다가 남아프리카에서 고문 변호사로 일하겠냐는 제안을 받고 1893년 5월에 남아프리카에서 새로운 인생을 시작했다. 곧 출장을 가게 된 그는 유색인이라는 이유로 열차 밖으로 쫓겨나는 수모를 당했다.

간디는 인종차별을 몸소 겪자 그 부당함에 맞서 싸우기로 결심했다. 그것이 그에게는 진리였다. 당시 영국이 다스리는 남아프리카에는 많은 인도인 노동자들이 살았다. 그들은 '검둥이'로 불리며 백인들로부터 여러 가지 차별을 당했다. 간디는 풀죽은 그들에게 용기를 북돋우며 옳지 않은 법을 지키지 않는 운동을 이끌었다. 그것이 바로 비폭력적 '사티아그라하(진리를 향한 투쟁)'였다.

상대를 무력으로 공격하지 않고 평화롭게 싸우는 간디의 사티아그라하는 마침내 남아프리카의 영국 식민 정부를 움직였다. 인도인에게서 징수하던 인두세는 폐지되었고, 인도인의 이동이나 여행도 자유로워졌다. 간디가 그렇게 남아프리카에서 인종차별에 맞서 싸운 기간은 21년에 달했다. 덕분에 그는 남아프리카와 영국은 물론, 고국에도 널리 알려진 유명 인사가 되었다. 간디는 1915년 1월 귀국하는 배에 올랐다.

인도에 돌아온 그는 노벨 문학상을 받아 인도인의 자존심을 한껏 올린 타고르를 찾았고, 타고르는 그런 간디에게 '마하트마(위대한 영혼)'라는 존칭을 붙였다. 1917년 인도의 농민운동에 가담한 간디는 1920년엔 인도국민회의 당의 총재가 되었다. 식민 통치에 협력하지 않는 다양한 비폭력적 수단을 전개한 그는 '눈에는 눈'의 논리에 익숙한 영국을 압박하였다. 영국 정부는 간디를 감옥에 가두는 방식으로 문제를 해결했다. 간디는 남아프리카에서 여섯 번, 인도에서 일곱 번이나 감옥에 갇혀 지냈다.

간디의 비폭력적 진리 추구 중에서 대표적인 운동이 '소금 행진'이었다. 1930년, 간디는 미리 영국 총독에게 편지를 보내서 자신이 바닷가로 행진할 것이라고 알렸다. '친애하는 친구에게'라고 시작되는 그 편지에는 소금 행진의 당위성과 법을 어기겠다는 선언이 들어 있었다. 영국은 간디의 '이상한' 계획을 이해하지 못했다. 허나 그의 힘은 예상보다 강했다. 소금 행진 전야에는 6만 명이 간디의 거주지에 모여서 노래를 불렀다.

가난한 농민에게 큰 부담을 주는 비싼 소금에 관한 법을 폐지하라고 요구한 간디는 3월의 땡볕을 이고 23일간 바닷가로 걸어 나아가 소금을 직접 만들었다. 소금의 생산과 판매는 식민 정부만이 할 수 있었지만, 부당한 그 법을 지키지 않는다는 의미였다. 그의 뒤를 이어 수많은 사람이 해안가로 나가 소금을 만들고 감옥에 들어갔다. 예기치 않은 상황에 당황한 영국은 무력을 쓰다가 결국 협상 카드를 내밀었다.

인도는 1947년 200년의 식민 통치를 청산하고 독립을 일궜다. 간디의 비폭력적 저항운동이 인도와 영국이 피를 흘리지 않고 평화롭게 헤어지는 데 기여했다. 간디는 열 차례 이상 투옥됐으나 영국인을 미워하는 것이 아니라 인도를 억압하는 영국의 제도를 미워한다고 말했다. 간디는 독립한 이듬해인 1948년 폭력 수단을 쓴 암살자의 손에 세상을 떠났다. 그러나 그의 비폭력은 이후 다른 나라의 인권운동에 영향을 주며 역사를 바꾸었다.

이방의 지배라는 아픔을 인도와 공유한 일제 치하의 우리나라에서는 간디가 주도하는 인도의 독립운동이 큰 관심사였다. 간디와 그가 이끄는 독립운동에 관한 기사와 사설이 신문과 잡지의 헤드라인과 지면을 상당 부분 차지했다. 특히 1930년, 간디의 '소금 행진'은 매일 신문에 크게 중계될 정도로 주목을 받았다. 간디가 우리나라에 보낸 격려의 메시지도 1927년 1월 5일 자 동아일보의 지면을 탔다.

> "사랑하는 친구여. 주신 편지는 잘 받았나이다.
> 내가 보낸 유일한 부탁은 절대적으로 참되고 무저항적인 수단으로
> 조선이 조선의 것이 되기를 바랄 뿐입니다."

우리나라도 간디와 인도를 응원했다. 1942년 8월, 이 책에 나오듯이 인도가 '영국, 물러가라'는 운동을 한창 벌일 때 대한민국 임시정부의 김구 주석은 간디에게 격려하는 전보문을 보냈다.

"…… 3천만 한인을 대표하여 간디 씨의 용감한 지도하에 인도가 영광스러운 승리를 얻기를 비는 바이며, 또한 민주적 자유를 위하여 분투하는 데 가장 중요한 간디 씨의 건강을 비노라."

간디의 생애

● 1869

10월 2일
오늘날 서부 구자라트 주의 포르반다르에서 태어났다.

● 1883

13세
카스투르바와 결혼하여 이후 62년을 동반자로 지냈다.

● 1888

18세
고등학교를 졸업한 이듬해에 영국으로 유학하여 법을 공부한다.

● 1891

21세
영국에서 변호사 자격증을 따고 인도로 돌아왔다.

● 1893

23세
남아프리카의 나탈 국에서 변호사로 새 삶을 시작한다.

● 1894

24세
백인으로부터 인종차별을 받는 남아프리카의 인도인을 모아서 나탈국민회의를 창설했다.

● 1906

36세
인도인을 강제로 등록하고 지문을 채취하는 법안에 반대하여 항의운동을 벌이다 1908년 10월에 2,500명의 인도인과 그들의 입국을 금지한 트란스발 국의 국경을 넘어 평화행진을 벌여 부당한 법을 어겼다. 이 운동으로 생애 처음 감옥에 갇히게 되었다.

● 1915

45세
남아프리카에서 봄베이 항으로 귀국했다. 이후 식민 지배를 받는 전국을 돌아보며 나라 안의 처지를 살폈다.

● 1917

47세
구자라트의 참파란에서 과도한 세금과 소작료 부과에 반대하는 농민들의 운동을 지지하여 성과를 이끌어냈다. 이 일로 인도에선 처음으로 투옥되었다.

● 1919

49세

인도인을 재판 없이 구금하는 식민 정부의 옳지 않은 로울라트법(Rowlatt Acts)에 반대하는 불복종운동을 전개하였다.

● 1922

52세

부당한 영국의 식민 통치에 협력하지 않겠다는 뜻으로 비폭력적·비협력 운동을 벌이고 투옥되었다. 6년 형을 받고 감옥에서 지내다가 병을 얻어 1924년에 석방되었다.

● 1930

60세

악법인 소금법에 반대하는 '사티아그라하'를 시작했다. 구자라트 단디의 해안가에서 바닷물을 끓여 직접 소금을 만들었다. 소금법을 어긴 죄목으로 곧바로 감옥에 갇혔다.

● 1931

61세

원탁회의에 참석하기 위해 감옥에서 석방된 간디는 영국 런던에 도착하여 80여 일을 머무른다. 그의 진실한 모습을 지켜본 많은 영국인이 간디에게 마음을 내주었다.

● 1932

62세

사회 최하층 불가촉천민의 위상을 올리는 운동을 전국적으로 펼쳤다.

● 1934

64세
인도국민회의에서 물러나 공동체 생활과 불가촉천민운동에 전념하였다.

● 1942

72세
인도국민회의 당원들과 '영국, 인도에서 물러가라'라는 구호로 반영 운동을 거세게 벌이고 다시 투옥되었다.

● 1947

77세
인도가 200년 만에 독립을 이루었다. 무슬림이 주축인 이슬람국가 파키스탄이 인도에서 떨어져 따로 독립하였다.

● 1948

1월 30일 78세
뉴델리의 비를라하우스에서 암살자의 손에 세상을 떠났다.

간디의 저작

간디의 발언과 활동을 알려 주는 기록은 풍성하다. 세상에서 가장 많은 연구가 이뤄진 위인 중 한 사람이 바로 간디이기 때문이다. 허나 의외로 그가 남긴 저서는 많지 않다. 70대 후반에 세상을 떠난 그가 50대에 기록한 《자서전》과 그에 앞서 나온 《힌두 스와라지》, 두 권에 불과하다. 모든 사람의 주목 속에 이어진 간디의 공적 생활이 그만큼 바빴다는 뜻이기도 하다. 간디의 저작 두 권 모두 국내에 번역서가 나와 있다.

《자서전》

이 책은 간디가 50대 중반의 나이가 된 1925년에 나왔다. '나의 진리에 관한 실험의 이야기(The Story of My Experiments with Truth)'라는 부제로 3년간 주간지에 연재되었다. 독자들은 매주 수백 통의 편지를 보내며 간디가 걸어온 기록에 열광했다. 일부 독자들은 영국의 지배를 받는 인도인이 힘센 지배자인 영국을 닮아야 하는가를 묻는 편지를 보냈다. 간디는 그냥 인도식으로 살아도 좋다고 답했다.

이 책에서는 간디가 영국을 닮으려던 자신을 내려놓고 인도 전통에서 문제를 해결하는 과정을 알려 준다. 양복을 벗고 농민의 옷차림으로 농민처럼 물레를 돌리고 손으로 옷감을 짜는 그의 운동은 산업사회를 이루고 결국 남의 나라를 지배하는 영국을 비판하면서 인도 전통의 아름다움을 반영했다. 비폭력도 간디의 고향에서 끌어낸 전통이었다.

간디의 《자서전》에는 자신이 이룬 업적에 대한 자랑이 나오지 않는다. 그저 부제처럼 솔직하게 어릴 때부터 진리를 추구하는 굴곡 많은 역정이 상세하게 그려진다. 채식, 비폭력, 소박한 생활을 실험한 기록과 정치적·종교적 신념에 대한 이야기도 들었다. 이 책이 나온 뒤에 20년 이상을 더 활동한 간디의 마지막 행적은 자서전에 빠져 있다.

《힌두 스와라지》

간디가 인도의 자치에 대한 자신의 철학을 설명한 글이다. '힌두 스와라지(Hindu Swarāj)'는 '인도의 자치'란 뜻으로 1909년 12월에 남아프리카에 거주하는 인도인들의 매체인 〈인디언 오피니언〉에 실린 간디의 칼럼을 모아서 이듬해 펴낸 책이다. 독자와 편집자의 대화로 이어지는 이 책에서 편집자인 간디는 인도의 독립을 위해 일생을 바치고 진리를 찾고 진리를 따르기 위해서 글을 썼다고 동기를 밝혔다. 또한 인도의 독립이 수동적인 저항을 통해서만 이뤄질 것이고, 사랑과 연민이 무력보다 강하다고 주장했다. 서구의 근대 문명과 기계화에 대한 그의 비판적 관점도 담겨 있다.

읽고 풀기

1. 경훈이는 미술 시간에 일부러 자신의 그림을 망친 아이들을 때리거나 선생님께 이르지 않았습니다. 경훈이가 그렇게 행동한 이유는 뭘까요? 그리고 그 행동은 간디의 비폭력 정신과 어떤 연관이 있나요? 1장 참고

2. 경훈이의 정신적 지주였던 할머니는 그에게 아이들의 미래는 무한하고 열지 않은 비밀 상자와 같다고 말합니다. 할머니가 경훈이에게 그렇게 말한 이유는 무엇일까요? 간디의 생애와 관련지어 이야기해 보세요. 1장 참고

3. 자신을 괴롭히는 준호에게 복수하고 싶었던 경훈이는 태권도를 배웁니다. 그러다 책에서 "모두들 '눈에는 눈' 방식으로 서로를 대한다면 이 세상엔 온통 앞을 못 보는 사람으로 가득할 것이다."라는 간디의 말을 보고 태권도를 그만두지요. 하지만 끝까지 준호가 자신을 대하는 부당한 태도에는 항변하지 못하는데요. 만약 여러분이 경훈이라면 어떻게 행동했을까요? 그리고 그 이유는 무엇인가요?

1장 참고

4. 영국 수상 처칠이 간디의 죽음을 간절히 바란만큼 간디가 실천한 비폭력주의 운동의 힘은 컸습니다. 말 그대로 간디는 '힘이 없지만 힘이 있는 인물'이었는데요. 그 이유는 무엇이었을까요? 1장 참고

5. 할머니가 경훈이에게 들려준 '산양과 호랑이' 이야기가 전하는 주제는 무엇일까요? 만약 여러분이 궁지에 몰린 산양 같은 상황이라면 어떻게 극복하는 것이 좋을까요? 2장 참고

6. 이 책에는 경훈이와 같이 학급 친구들에게 왕따를 당하는 명한이와 상현이의 이야기가 나옵니다. 세 아이가 학급 친구들의 폭력에 대응하는 방식에는 차이가 있는데요. 어떤 차이가 있는지, 그리고 그중 누가 비폭력주의를 지향한 간디의 방식과 가장 가까운 선택을 했다고 생각하는지 이야기해 보세요. 2, 3장 참고

7. 경훈이의 할아버지는 간디를 찾아가 만납니다. 그때 간디는 그에게 일본의 제국주의 시대를 끝낸 히로시마의 원폭 투하는 좋은 폭력인지를 묻습니다. 좋은 폭력에 대한 여러분의 생각은 어떠한가요? 4장 참고

8. 젊은 시절 광복군이었던 경훈이의 할아버지는 훈장을 받은 6.25 참전 용사였습니다. 하지만 명예를 뒤로하고 할머니와 함께 시골로 내려오는데요. 그 이유는 무엇이었나요? 그의 행동은 "사타아그라하의 사전에는 '적'이란 단어가 없다."는 간디의 말과 어떤 연관이 있을까요? 4장 참고

* 읽고 풀기의 PDF는 blog.naver.com/totobook9에서 다운로드 받을 수 있습니다.

1. (예시) 경훈이가 자신을 괴롭히는 아이들에게 폭력으로 대응했다면 또 다른 폭력을 불러왔을 거예요. 그리고 교실에서 일어나고 있는 문제에 관해 왠지 무관심해 보이는 선생님에게 이르는 것 또한 이 상황을 해결하는 데 별 도움이 되지 않을 거라 생각한 것 같아요. 경훈이의 상황은 영국이라는 거대 제국에 힘이나 폭력으로 저항하기 힘들었던 간디와 그의 조국 인도의 상황과도 비슷해 보입니다. 경훈이는 아이들이 망친 그림을 버리거나 포기하지 않고, 그 위에 별을 서너 개 그립니다. 그리고 '별 헤는 밤'이란 제목을 붙인 경훈이의 그림은 가작으로 뽑히게 되는데요. 폭력을 폭력으로 갚지 않고 더 나은 결과로 만든 경훈이의 행동은 영국의 폭력에 대항하여 비폭력 투쟁을 선언한 간디의 정신과도 이어집니다.

2. (예시) 간디는 어릴 적 겁 많고 친구도 별로 없는 소심한 아이였습니다. 하지만 정의를 배우고 영국이 조국 인도에 보여 준 폭력이 부당하다는 걸 깨달으면서 강하고 위대한 인물이 됩니다. 할머니는 어릴 적 나약한 간디가 올바른 사상과 행동을 가진 위인으로 성장한 것처럼 수줍고 두려움 많은 경훈이도 훌륭한 어른으로 성장할 수 있음을 알려 주려 했던 겁니다. 앞으로 펼쳐질 경훈이의

미래는 무한하며 비밀 상자처럼 많은 가능성을 가지고 있으니 절대로 좌절해서는 안 된다고 말입니다.

3. (예시) 태권도에 흥미를 느끼지 못하던 경훈이가 그저 준호에게 대항하기 위해 태권도를 배웠다면 또 다른 폭력을 낳을 수 있습니다. 그런 의미에서 간디의 말은 경훈이에게 용기를 주었고 본인 스스로가 잘할 수 있는 것을 생각할 기회를 주었다고 생각합니다. 하지만 끝까지 진실을 말하지 못한 경훈이는 나중에 더 큰 폭력에 시달리게 되죠. 진실을 말하는 일은 경훈이의 말처럼 어렵지만, 반드시 해야만 하는 일 같습니다.

4. 간디의 비폭력주의 운동의 원천은 '정의'입니다. 아무리 전쟁에서 승리한다 해도 그 과정이 정의롭지 못하다면 사람들의 마음을 얻기는 어렵죠. 그런 의미에서 "정당하면 당당할 수 있다."는 간디의 말과 행동은 사람들의 마음을 움직였고 옳지 않은 일에 저항하게 하였습니다. 그가 감옥에 있는 동안에도 간디의 비폭력주의는 널리 퍼져 민족운동의 이인자인 네루부터 시골 농민들까지 간디를 지지하게 만들었고, 이는 영국이 두려워하는 힘이 되었습니다.

5. (예시) 산양에게 잘못을 추궁하던 호랑이의 기준은 사실에 근거한 것이 아니라

호랑이의 들쑥날쑥한 마음인 것처럼 아이들이 경훈이를 괴롭히는 이유는 실은 그들의 내면이 약하기 때문입니다. 약하면서도 다수라는 사실을 믿고 강한 척하는 것이지요. 만일 제가 궁지에 몰린 산양 같은 상황에 놓여 있다면 먼저 자신을 잃어버리지 않아야 한다고 생각합니다. 경훈이의 말처럼 잘못은 다름을 받아들이지 못하고 폭력을 가한 아이들에게 있는 것이지 자신의 잘못이 아니니까요.

6. (예시) 그저 친한 친구에게 자신의 집이 잘산다고 말했을 뿐인 명한이와 자기 나름의 생각을 하는 상현 그리고 조금 약하고 느린 경훈이는 학급 친구들의 폭언과 폭행을 피하지 못합니다. 명한이는 결국 다수의 힘에 굴복해 전학을 택하고 가장 논리적인 것 같았던 상현이는 '눈에는 눈, 이에는 이' 방식을 택하다 처벌을 받습니다. 그리고 경훈이는 간디가 그러했듯 비폭력적인 방식으로 자신을 괴롭히던 민수에게 편지를 보냅니다. 하지만 경훈이의 엄마는 민수를 퇴학으로 이끌지요. 엄마에게 민수를 봐달라고 그게 처벌보다 교육적이라고 주장하는 경훈이는 더 이상 약한 아이가 아닙니다. 아이들은 열지 않은 비밀 상자 같다던 문수동 할머니의 말처럼 경훈이 역시 성장했고 간디의 모습과 점점 닮아 가고

있습니다.

7. (예시) 원자 폭탄이 떨어진 히로시마에서는 수많은 사람이 죽고 원폭 피해로 지금까지 고통받는 사람들이 있습니다. 간디의 말처럼 무력으로 얻은 승리는 한때의 승리일 뿐 힘센 나라는 여전히 약한 나라를 누르고 전쟁은 계속되지요. 좋은 폭력이란 없습니다. 폭력으로 인해 고통받는 사람들이 있는 한 말입니다.

8. (예시) 할아버지는 진리를 지키고 정의를 위해 평생을 싸운 간디를 존경했습니다. 그러던 그가 전쟁터에서 업적으로 받은 훈장이 자랑스럽지 않은 건 당연한 일이었어요. 그래서 명예를 자랑하기보다는 조용히 시골로 내려와서 지냈고 훈장 역시 가슴에 묻어 두었습니다. 간디의 말처럼 전쟁 없이 평화를 얻었으면 좋았겠지만, 그 명예가 같은 민족 간의 상쟁으로 얻은 결과라 할아버지의 가슴이 아팠기 때문이지요.

참고도서

- Allen, Charles(1993). *Plain Tales from The Raj*, New Delhi, Rupa & Co.
- Battle of Imphal, https://en.wikipedia.org/wiki/Battle_of_Imphal
- Farquharson, Robert(2004). *For Your Tomorrow: Canadians and the Burma Campaign 1941-1945*, Toronto: Trafford.
- Gandhi, M. K(1997). *Hindu Swaraj and Other Writings*, ed. by Anthony Parel, Cambridge: Cambridge University Press.
- Geoffrey Evans & Antony Brett-James(1962). "Full text of Imphal Flower On Lofty Heights", https://archive.org/stream/ImphalFlowerOnLoftyHeights_djvu.txt.
- Handbook of World War 2(2004). *An Illustrated Chronicle of The Struggle For Victory*, Leicestershire: Abbeydale.
- Friedman, Herbert A(2011). "JAPANESE PSYOP DURING WWII", http://www.psywarrior.com/JapanPSYOPWW2a.html.
- Karnad, Raghu(2015). *Farthest Field- An Indian Story of The Second World War*, New Delhi: Fourth Estate.
- Mukherjee, Madhusree(2011). *Churchill's Secret War: The British Empire and the Ravaging of India during World War II*, New York: Basic Books.
- Slim, William (1956). *Defeat into Victory*, London: Cassell.
- Stillwell, Joseph(2003). ed. by White Theodore, *Stillwell Papers*, Beijing: Foreign Languages Press Beijing.
- *Supplement To The London Gazette*, 2 April, 1951.
- Webster, Donovan(2004). *The Burma Road: The Epic Story of the China-Burma-India Theater in World War II* (Paperback), New York: Pan Books.
- 〈인도에서 활약하는 조선용사들〉, 《독립》, 제3권 75호, 1945년 6월 13일.
- 박민영(2009). 〈한국광복군 인면공작대 연구〉, 《한국독립운동사연구》 제33집, 8월, 143-184.